教育信息化视域下智慧教育的变革与创新研究

张艳春　著

北京燕山出版社

图书在版编目（CIP）数据

教育信息化视域下智慧教育的变革与创新研究 / 张艳春著. -- 北京 : 北京燕山出版社, 2023.8
ISBN 978-7-5402-7052-0

Ⅰ. ①教… Ⅱ. ①张… Ⅲ. ①教育工作—信息化—研究 Ⅳ. ①G43

中国国家版本馆CIP数据核字（2023）第174530号

教育信息化视域下智慧教育的变革与创新研究

著者：张艳春
责任编辑：邓京
封面设计：马静静
出版发行：北京燕山出版社有限公司
社址：北京市西城区椿树街道琉璃厂西街20号
邮编：100052
电话传真：86-10-65240430（总编室）
印刷：北京亚吉飞数码科技有限公司
成品尺寸：170mm × 240mm
字数：188千字
印张：10.5
版别：2024年3月第1版
印次：2024年3月第1次印刷
ISBN：978-7-5402-7052-0
定价：89.00元

前　言

智慧教育是一个新生事物，与所有新生事物起步发展中实践先于理论一样，智慧教育尽管现在很热，但是人们对于智慧教育仍旧很迷茫。当前，人们对智慧教育的理解可谓千差万别，很多地方所说的智慧教育根本就不是智慧教育，所说的智慧校园远离智慧，所说的智慧教育没有智慧可言。

在信息化时代背景下，智慧教育源自教育信息化，但是又不止于教育信息化。智慧教育以高水平的教育信息化作为基础和起点，但是教育信息化并不是智慧教育的全部内容。智慧教育是基于教育信息化这一基础建构信息化时代的教育新秩序、新形态，涉及智慧教育、智慧学习者、智慧学习、智慧课程、智慧管理、智慧教学、智慧评价、智慧环境、智慧教学模式、智慧服务等，这是对教育进行的一次重构，是信息化元素融入教育之后，在教育领域引起的一种“化学反应”。

随着高等教育的规模不断扩大，如何增强质量意识，使规模与质量实现协调发展，是当前高校面临的重大课题。从高校人才培养的过程来看，课堂教学是整个教学工作的重心，要想提高学校的教学质量，就必然需要将重点放在课堂教学的质量上。在智慧教育背景下，信息技术与课堂教学的深度融合，已经成为变革现代课堂教学、提升核心竞争力的必然选择。技术走进课堂，一定程度上可以使教学环境、教学资源、课堂管理等多个元素发生深刻的改变，教学环境趋于混合化，资源呈现形态趋于多媒体化，学习管理趋于自动化。这一形势对于高校教师的职业能力发展也提出了新的要求。基于此，作者精心策划并撰写了《教育信息化视域下智慧教育的变革与创新研究》一书，以期推进当前的智慧教育教学改革。

本书共包含九章。第一章对教育信息化这一背景展开分析，探讨教育信息化的技术支撑、信息化教育以及与高等教育的关系。第二章紧扣主题，探究智慧教育的相关理论，包括内涵、特征、教学改革、教育体系。第三章至第六章对智慧教育的模式进行具体分析，包括微课、慕课、翻转课堂、混合式教学四大模式，其中也插入具体案例来进行分析和探讨。第七章与第八章对智慧教育的两大要素展开论述。其中第七章为智慧教育的教学评价，并分析评价的多元化手段。第八章对教师的职业能力展开分析，论述智慧教育中教师职业能力的发展路径。第九章为实践与应用章节，从开放教育、课程思政教育、数学教育等多个角度来进行案例解析。

本书基于教育信息化这一时代背景，探究智慧教育的相关理论，并尝试总结出教育信息化视域下智慧教育的创新模式与路径，这为探索和引导教育信息化视域下智慧教育提供了正确的途径和方法，对进一步加强智慧教育理念的研究具有重要的理论意义和现实意义。

为了确保论述内容的丰富性和多样性，在写作过程中参考了大量理论与研究文献，在此向涉及的专家学者们表示衷心的感谢。由于教育信息化视域下智慧教育涉及的范畴比较广，需要探索的层面比较深，笔者在撰写的过程中难免会存在一定的不足，对一些相关问题的研究不够透彻，提出的教育信息化视域下智慧教育的提升路径也有一定的局限性，恳请前辈、同行以及广大读者指正！

作者

2023年6月

目　录

第一章　绪论

21世纪以来，信息技术迅猛发展，这为高等教育提供了机会和条件，也为教育的理念、内容、目的等发生变革提供了平台。教育信息化指的是计算机技术、网络技术等在教育领域的应用，以便于构建一个基于信息技术的新型教育体系。就本质而言，教育信息化是教育领域运用信息技术来促进教育改革的过程。

第一节　教育信息化的技术支撑

一、信息技术的社会表现

信息技术是现代科技的重要组成部分，从20 世纪80 年代开始就给人类的生活方式带来了巨大的影响。信息技术进入人们的生活，使人际往来的时空限制被打破，全球各国、各民族、各地区甚至每个角落都因为信息技术的出现而联系得越来越紧密，也正因为信息技术的出现，全球人民共建“地球村”的美好愿景一步步实现。

全球各国借助信息化手段而相互联系、友好往来，各种不同的价值理念、民族文化相互交流、融合。可见，信息技术成为人类建设网络社会的重要基础，它改变了人们的价值观念，也使得人类的思维方式和生活方式都发生了重大的改变。

20世纪60年代，“信息化”概念出现，当时由日本科技研究人员提出“Johoka”一词，该词被解释为信息化。最初提出信息化时，人们将其理解为信息产业化，而社会信息化被视作信息产业化的目标。日本学者后来又对“信息化”的含义作了详细的解释，并指出构建社会信息化的宏伟目标，而当信息产业在社会中居于支配地位，并产生巨大的社会影响力时，才算真正进入了信息社会。后来有关学者深入研究了信息化的相关概念，如信息革命、信息社会等，这些研究提高了人们对信息化的认识，并对进一步研究信息化概念具有重要启示意义。

信息化具有重要的社会意义和文化意义，信息化的发展促进了社会结构的优化，使人们的生产生活方式、就业方式、消费方式等发生了翻天覆地的变化，它的意义不仅表现在技术领域、传播领域、经济领域，更在社会生活的各个方面，是社会变革的伟大成果，是人类文明发展的重要成就，因此我们要高度重视信息化的经济意义、社会意义以及文化意义。

二、信息技术的特征

（一）信息数据传播数量多

全球化时代的到来使得知识、信息的传播不仅数量多而且速度快，而进入信息化时代后，数量变得更多，信息的爆炸与饱和已经成为人们必须面对的客观现实。在信息大量传播中，人们从多个视角理解信息，从而促进了人类价值观念、思维方式的多元化。

（二）信息数据传播速度更快

信息化时代背景下，信息的飞速传播使得全世界的重要新闻在第一时间被各国人民知晓。世界各国、各民族的信息在全球范围内加速传播，五花八门的信息在人类共建的“地球村”相互整合、交汇，被世界各地的人传播、分享、评价。人类是生产信息的主体，也是接收和消费信息的受众，现代传播媒介越来越多样化、越来越发达，同一信息可能同时传播到世界各地，被世界人民共享。

（三）人类生存空间的网络化与数据化

人类的时空距离因为数字技术的出现而不断缩小，数字技术的出现使得地理上的距离限制被打破，人们可以随时随地进行远程交流。网络使得人类过上了更加自由的生活，并逐渐成为人们生活中不可缺少的一部分。同时，人类的生存生活空间因网络数据的出现而得到了拓展。

（四）人类的交往方式多元化、交往空间扩大化

当前，世界经济格局、经济增长方式因信息技术的发展而彻底发生了改变。网络经济社会正是因为信息技术革命才形成的。人类的交往方式受到了信息化的重要影响。信息技术的革新使人与人之间进行着越来越便捷的交往，基于信息技术而形成的交往方式比传统交往方式更多元化、高效化。信息技术的发展也促进了很多社交软件的产生，如微博、微信等，这些社交软件有很大的自由性，而且具有即时性，人们时时刻刻都能在第一时间将自己的最新动态分享在平台上。

全球化、电子化、智能化、非群体化等是信息化的重要属性，正因如此，全球性、虚拟性、开放性和交互性等成为人们在信息化时代交往方式的典型特点，人际交往空间也因此而一步步扩大。

第二节　教育信息化的表现——信息化教育

一、教育信息化的内涵

信息化给教育带来的影响可以说是革命性的。一个国家教育现代化发展水平是由教育信息化水平来衡量的。教育信息化的重要性已经得到了全世界的认可和

关注，教育现代化发展离不开教育信息化的推动，教育信息化的革命是全球性的，这场革命在世界各国被点燃，如火如荼，声势浩大。教育信息化对教育的影响遍及学校教育、家庭教育、社会教育等各个教育领域，对高等教育的影响尤为明显。因此，对教育信息化进行研究具有重要意义。

下面从几个方面来理解教育信息化的内涵。①

（1）教育信息化发展的最终目的是促进教育现代化。

（2）教育信息化的应用与推广主要面向教育教学、教育科研和教育管理等各大教育领域。

（3）教育信息化在教育教学、教育科研和教育管理等领域中的应用与推广包括信息与信息技术两大方面。

（4）教育信息化强调在整个教育领域应用与推广信息与信息技术的同时，必须以教学领域为重点。

（5）现代信息技术的不断发展是教育信息化前进的内驱力。

（6）教育信息化是动态发展的，而非一蹴而就的。

二、信息化教育

（一）网络对教育的支持

网络在社会各个领域的应用越来越广泛、频繁，教育领域中也越来越注重对网络技术的运用，如计算机教学手段在课堂教学中发挥着重要的辅助教学作用，网络教学模式和多媒体教学模式被构建与实施，这都是网络技术发展给现代教育带来的积极影响，这充分体现了网络技术在很大程度上支持甚至是支撑着教育的发展。网络技术支持教育，主要从计算机技术在教育领域的运用中体现出来。下面从三个方面来说明网络技术对教育的重要意义。

① 赵兰. 教育信息化时代大学生学习文化转型路径研究[D]. 山东师范大学，2015.

1.提高教学效率

现在有很多网络教育软件成为学校教育教学的重要辅助工具，这些软件的设计与发行有些价格和普通的书籍差不多，而在相同教育成本的前提下这些软件却可以使教学效率大大提高。校园网在学校教育教学中也发挥着重要的作用，为学校教学管理带来了便利。

2.创造良好的教学环境

计算机技术的应用为学校教育教学创造了生动有趣的教学环境，吸引了学生的注意力，提高了师生教与学的热情、积极性，改变了枯燥的教学氛围，提高了教学效果。动画、录像、图像等基于计算机软件而设计的教学资源对传播信息具有重要的作用，也为教学中的师生互动提供了便利。

3.丰富教学方式

现代教育技术如多媒体、计算机以及网络的运用极大地丰富了教学方式，提高了教学信息的传播速度，也使教师与学生处理信息的能力和效率得到了提升。

综上分析，网络技术给教育带来了非常重要的积极影响，不仅使学校教育方式发生了显著的变化，也使学生的学习方式越来越丰富、多元，而且还深刻影响了现代教育理念、教育方法以及教育模式。

（二）网络对教育的挑战

网络技术的发展一方面给现代教育提供了极大的便利，体现出网络时代对教育的支持与重要性；但另一方面也对教育提出了更高的要求，使教育面临严峻挑战。信息化社会对学校教育的人才培养模式提出了很高的要求，具体体现在以下几方面。

1.对培养目标的要求

要求学校教育培养全面发展型人才，尤其提出新型人才要有良好的创新素养。

2.对培养内容的要求

要求给学生传授学习的方法，使学生能够采用适合自己的方法进行自主学习，使学生能够积极主动地以正确的方式和渠道获取新知识、巩固旧知识，提高学生的自主学习能力和效率；不能一味将大量知识灌输给学生，使学生被动学习。

3.对培养方法的要求

要求突破时空限制而设计科学有效的、丰富多彩的、灵活可调整的教学方法，创造对学生学习各个学科知识都有普遍适用性的教学方法，教学方法要体现终身教育理念、全面教育理念。

我国传统教学模式和人才培养模式下的育人环境是被动的，学生缺少主动学习与探索的意识和能力，学生掌握的社会信息很少，他们主动或被动地与外界信息隔绝，所以学生的信息素养相对较差。而现代社会需要的是全面发展的新型人才，对人才的信息素养提出了一定的要求，所以学校应注重对学生信息素养的培养，重点培养学生的信息接收能力、理解能力、处理能力和创造能力，使学生在丰富多彩的校内外交流活动中塑造良好的信息素养。

第三节　教育信息化与高等教育的发展

一、信息化时代教育的优势

在信息化时代背景下，信息技术与教育的整合已经被证明是一个非常有效的促进教学发展的手段，这一手段的特征主要表现为网络化、多媒体化、智能化和人本化等几个方面。在这几个方面，与传统的教学手段相比，其表现出明显的优势。

（一）网络化

如今整个社会已进入一个网络化信息社会，网络对人们的影响可谓无处不在。以计算机网络技术为支撑，各种设备及资源得到了高度的整合，以往传统的教育教学从封闭走向了开放，这极大地促进了教育教学的发展和进步。信息技术与教育整合，可以实现网上学习。这样极大地扩展了学习资源的范围，打破了空间和地域的限制，教学过程也从课堂内扩展到课堂外，从校园扩展到家庭和社会。

除此之外，网络化的出现还极大地改变了人们的思维方式和习惯。信息技术与课程整合插上了网络这个神奇的翅膀，也使得学习、欣赏、交流的渠道得以无限延伸。

（二）多媒体化

多媒体化也是信息技术与教育整合的一个重要特征。通过信息技术，教育教学中能充分运用图形、影像、声音、动画等各种手段，发挥虚拟现实的作用，对学生的视觉、听觉、触觉等感觉都形成一定的刺激，从而对于学生知识和技能的获取具有非常大的帮助，这是传统教学手段所不具备的。在多媒体信息技术下，开展教学活动通常能提高教学效率，促进教学质量的发展。具体而言，信息技术与教育整合的多媒体化特点主要表现在以下几个方面。

（1）由于多媒体系统的各种技术处理都是数字化的，通过数字化技术的处理，能再现、还原各种教学场景，这对于学生掌握复杂的技术具有非常大的帮助。

（2）多媒体化教学通常使用方便、易于操作。整个教学系统主要以鼠标、触摸屏、声音选择输入为主，辅以键盘输入，操作比较直观，任何人都能轻松地操作，为教师教学提供了良好的辅助。

（三）智能化

如今各种教学设备和软件等都具有一定的智能性，通过各种先进的信息技术，学生与教师也能探索出具有先进性的学习模式。例如，最新的智能辅助教学系统对于学生的学习能力、认知特点和当前知识水平等都有一个很好的把握，对学生的学习具有良好的帮助和指导。

（四）人本化

伴随着时代的不断发展，各种信息技术手段得到了充分的利用，教育教学的数字化、媒体化能有效地增强学生学习的效果，提高学生学习的效率。另外，现代信息技术手段的利用，促使学生能够自主学习，从而取得发展和进步。各种信息技术的运用，使得教学资源得到了共享，人机交流更加密切，信息反馈更加及时和有效。学生可以依据自身的具体实际自由选择自己感兴趣的内容，真正做到“因人施教”。信息技术与课程的整合能充分发挥学生的个性与潜能，推动其进一步发展。

二、信息化时代教育发展的理论依据

信息技术与课程的整合并不是盲目的，而是建立在一定的理论依据之上的，这些理论主要包括多元智能理论、系统理论等。

（一）多元智能理论

目前，多元智能理论在各个领域都得到了比较广泛的利用，其中在教育领域利用的频率也比较多。[①]如今这一理论在国际教育界得到了极为迅速的传播和发展。这一理论符合当前教育改革的思想与潮流，注重学生潜在能力和个性化发展，对于人才的挖掘、培养及整个学校教育的发展都产生了深远的影响。

发展到现在，信息技术在学校教育领域得到了非常广泛的利用，在这一技术的利用下，教学改革、创新人才培养等都实现了突破式的发展和进步。信息技术与课程整合发展成为现代教育的一个趋势，这一发展的理论和途径要以先进的教育理论为指导，而多元智能理论就提供了这样一种科学的理论构想。

（二）系统理论

1.系统的概念、构成与特征

系统主要由若干子系统构成，小的子系统又包含诸多元素，这些要素不是固

① 梁培根.信息技术与高校课程有效整合的策略研究[D].苏州大学，2011.

定不变的，而是处于不断的发展和变化之中。

系统的形成与发展需要具备元素、结构和环境三个基本的前提，只有具备了这几个要素，才能形成一个完整的系统。

（1）元素。系统包含多方面的元素，这些元素之间不是孤立存在的，而是相互联系、相互促进的，推动着整个系统的发展，缺少了任何一方面的元素，系统的发展都会受到一定的影响。

（2）结构。任何一个系统的发展都不是盲目的，而是在一定的结构下发展的，系统的结构要保持完整，如此才能获得健康的发展。任何系统都有一个特定的结构。采取各种手段与措施完善这一结构对于系统的整体发展而言具有非常重要的意义。

（3）环境。环境也是系统发展的重要因素，正是在这一要素的促进下，系统才得以形成与发展。没有了环境，系统也就失去了存在的基础，因此建设一个良好的环境对于系统的发展非常重要。

以上就是系统得以形成与发展的重要前提和条件，每一个方面都非常重要，掌握系统论的基本理论对于教育的发展具有重要的意义。

通常来说，一个完整的系统应具有以下几个方面的特征。

（1）整体性。系统内包含多种要素，每一个要素各有自身鲜明的特点与功能，同时也有一定的缺陷，需要经过优化与组合，才能构建一个健全和完善的系统。

（2）相关性。系统内各要素之间有着非常密切的联系，各要素的发展都是为整体系统服务的，在这些要素的密切配合下，系统得以不断发展。在教学系统中，教师、学生、教材等都是教学系统内的各个要素，它们之间彼此联系、共同发展，推动着教学系统的进一步发展。

（3）反馈性。系统要想顺利地运转就需要具备良好的自我调节能力，这一能力需要通过反馈进行，通过反馈可以使系统收集到各种系统内部与外部的相关信息，然后系统根据这些信息做出自我调节，从而维持系统的稳定性。

2.教学系统要素

教学系统非常复杂，在教学中，要设计出合理的教学方案，首先就要充分了解系统内各要素的构成，了解系统内各要素的特点与功能。一般来说，教学系统主要由以下要素构成。

（1）学生。学生是教学活动中的重要主体，一切教学活动的开展都应围绕学生进行，这体现了“以人为本”的基本理念。

（2）教师。教师也是教学活动中的重要主体，教学活动的顺利开展离不开教师的指导。教师除了要具备丰富的知识与技能外，还要具备出色的教学组织与管理能力。在具体的教学活动中，教师要充分发挥自身的主导性，组织与管理好整个教学过程，提高教学的效率和质量。

（3）教学方法与手段。在教学中，教学方法与手段的选择非常重要。教师要结合当前教学实际和学生特点选择合适的教学方法与手段，并不断进行创新，以适应教学的发展和需要。伴随着现代科学技术的发展，各种信息技术逐步应用到教学之中，极大地提高了教学的质量。

（4）教学媒体。教学媒体也是教学的重要因素，缺少了教学媒体，整个教学活动也难以顺利进行。一般来说，教学媒体主要分为传统教学媒体和现代教学媒体两个部分。如今，现代教学媒体得到了广泛的利用，在教学设计的过程中，教师要多考虑现代教学媒体这一方面的内容。

三、信息化时代高校教学面临的机遇

信息技术在高校教学中有着非常显著的影响，并且在高校教学中得到了广泛的应用。在高校教学中，有三个基本的要素，即教师、学生、教学设施。随着信息技术的融入，这三个要素都会相应地发生改变，不仅改变了教师的教学效果，也改变了学生的学习能力，同时还影响着教育设施的工作性能。信息技术对高校教学的改变主要有如下几点表现。

（一）教育思想和教育观念：凸显能力培养

传统的高校教学主要是强调知识的讲授，无论在课程设置，还是在教学内容组织、教学方法运用等层面，都是为传授知识服务的。在信息技术背景下，高校学生不仅要掌握基本的知识，还需要掌握获取知识的能力，因此教师需要变革教育思想与观念，这样才能将高校教学从知识的传授层面转向对能力的培养层面。

（二）教育目的：走向大众教育

信息技术的进步使得高校教学逐渐走向社会，并且趋向平等，其各个层面与人们的生活相融合。人们可以对学校、教师、课程等进行自由选择，以展现办学的开放性。随着信息技术的运用，高校教学的组织形式变得更为方便、灵活。

（三）教学内容与方式：走向前沿与互动

在教学内容层面，教师运用信息技术的网络搜索功能，对学科前沿的知识、最新的成果进行查询，从而将这些内容运用到高校教学中。在高校教学方法上，通过信息技术，对传统的高校教学方式加以改变，创设良好的教学情境，从而将教学内容更便捷地表达出来，凸显互动性，也便于对学生综合能力的培养。

（四）师生关系：转向主动合作

传统的高校教学模式主要是以教授为主，是一种单向的模式。信息技术使得高校教师的作用发生改变，从知识的传递者转向学生学习的引导者、协调者，学生可以运用信息技术，对学科前沿的知识进行学习与接收，使自己从被动的学习者转向主动的学习者，即学习的主人。师生角色在信息技术背景下都发生了改变，彼此成了合作者与交流者。

（五）教育评价制度：变得更为透明开放

信息技术使得学校的办学行为更为开放、透明，社会机构也对学校更加关注，并且更为突出的是，教育评价的主体从政府逐渐转向社会，这都有助于信息技术教育的进步与发展。教育评价的内容也在发生改变，其中对于学生的评价从以往的对知识的过分重视转向对能力的要求，从过去的单纯考试转向考试与实践相结合的方式。

四、信息化时代高校教学面临的挑战

（一）对教学方法与手段提出了挑战

传统的高校教学是从教材出发来一步步地传授知识的，教学主要是以教师为中心，采用“填鸭式”的教学模式。随着信息技术的引入，以及微课教学、慕课教学、翻转课堂教学等的实施，教学内容不断深化与多样，学生可以运用信息技术在任何地方获取教学内容。在传统的高校教学中，教师是教学的主导，学生被动接受知识，但是随着信息技术的引入，这种角色发生了改变，教师展开探究教学、项目教学等，实现教与学方式的改变，教师主要负责引导，学生主动进行学习。

（二）对教师角色与技能提出了挑战

随着信息技术的融入，一些新的教学模式兴起，教师的责任发生了转变，从灌输者转向引导者，学生从接受者转向主动学习者。虽然教师的主体地位被颠覆了，但是教师仍然是推动学生展开学习的动力，他们需要不断指导学生的学习，是学生学习的必要支持者。教师成了学生获取资源的一种途径。教师在教学中不仅需要为学生答疑解惑，还需要不断提升自身的技术水平。

在传统的高校教学中，教师只需要具备专业素养就可以了，会用电脑执行一些基本的任务，就能够完成教学。但是，在当前新时代背景下，教师需要提升自身的技术能力，能够利用大数据对海量信息进行甄别，能够利用多种媒体制作视频、动画、微课等。

在课堂之上，教师努力激发学生学习的兴趣和积极性，熟练把握课堂活动，如进行合作学习等。同时，教师还需要掌握信息技术，能够运用该技术制作视频，对学习进行检测，实现与学生的互动。当然，教师还需要处理好传统手段与现代技术手段的关系，发挥好自身的情感与人格作用。

（三）对学习观念与方式提出了挑战

在信息技术环境下，自主学习、合作学习、体验式学习等是最为常见的方式。随着信息技术的不断引入，知识变得更为开放，学生要想获取知识，除了从课堂和教师那里获取，还可以通过网络获取。显然，信息技术融入高校教学使学生的学习路径更为拓宽，学生也获得了丰富的学习资源，让学生的学习变得更为主动。

在资源选择上，学生的自主性更加明显，他们可以选择本校教师的微课讲解，也可以选择其他学校教师的微课讲解。同时，学习的时间、地点也非常灵活，只要具备无线网络，学生就可以在任何时间、任何地点展开学习，这消除了传统课堂只能讲授一两遍的弊端。

信息技术融入高校教学，使学生学习更加具有互动性，学生不仅可以和教师交互，还可以和计算机交互。学习平台可以监控学生的学习情况，教师也可以实时查看学生的学习情况，为学生提出一些意见和建议。师生之间、生生之间可以随时展开交流与合作，将学习的困难放在明面上解决。自主性、随时性是信息技术时代下高校学生学习方式的主要特征，颠覆了传统“机械”和“被动”的学习方式。

第二章　智慧教育理论阐释

近年来，数字化校园建设不断成熟，高校教育者对智慧教育更多关注，构建智慧教育新体系势在必行。智慧教育课程不仅是智慧教育的关键，也是创新创业教育的根本，智慧教育通过“互联网+教育”，打造智慧学习环境，通过教学模式和方法的变革，为培养学生创新创业能力和素养提供了有效手段。

第一节　智慧教育的内涵及特征

2018年4月，教育部提出了智慧教育创新发展行动，发布了《教育信息化2.0行动计划》，计划要求各学校依托各种智能设备和网络，推动以大数据、物联网等新兴技术为基础的教育模式改革。2019年国务院在《国家教育事业发展“十三五”规划》《中国教育现代化2035》中提出要大力开展实施智能教育，要借助信息技术，建设“三学”社会，构建“五化”教育体系，走具有中特色的教育信息化发展道路。

我国智慧教育的研究较早，在20世纪末期已有相关探讨，21世纪的前十年，智慧教育的研究发文量相对较少。自2014年起，智慧教育的研究热度逐年上升，相关研究的发文量持续增长。发文量的持续增长一方面来源于国内学者对智慧教育的高度关注，另一方面则归功于教育现代化技术的发展。技术是智慧教育发展过程中的关键支撑，技术的发展关乎研究的进展。近年来，大数据、云计算、深度学习、人工智能等技术的飞速发展，使智慧教育的概念和构想得以实现，也为智慧教育的深入研究提供了前提和保障。

一、智慧教育的内涵

“智慧教育”一词来源于钱学森“大成智慧学”思想，是一种倡导全面学习的理念与方法论，它包含了21世纪对人才培养的学制观、人才观、创新观等一系列观念的更新。“智慧教育”的核心价值在于：立足我国教育现状，针对教育体制、观念、方法提供革新思路、顶层设计与实践对策。“智慧教育”理念紧跟时代发展趋势，看到了当下、未来社会工作由单一化走向复合化、综合化、复杂化的发展脉络。在教育手段中，钱学森主张“要研究、充分使用高科技手段”，要“把现代信息技术引入教学中来”。

智慧教育将云计算、大数据、移动互联网、人工智能等新一代信息技术手段融入教育体系中，打破传统的教育模式的束缚，构建网络化、数字化、智能化的教育新生态。不难看出，智慧教育是教育信息化的较高级的发展阶段，这是学界对智慧教育的共识。

“智慧教育”的形态既蕴含历史智慧积累，又嵌入技术元素，是教育的未来模式，处于教育信息化发展的顶端。总之，就是通过深度融合，打造智慧教育学习环境，为学生提供泛在化、个性化学习方式，引导学生智慧学习，培养具有实践能力和创新能力的人才。

二、智慧教育的特征

一是创新性。智慧教育提供了智慧学习环境，包括教学策略、教学过程、教学形式、教学评价等一系列的创新。智慧教学环境激发学生主动学习和探索学习的能力，培养学生的实践能力和创新创业能力。

二是融合性。智慧教育提供了各类资源的融合，包括学习资源的融合、教学手段的融合、学习方式的融合、师资队伍的融合、评价方式的融合等。智慧教育学习环境有利于学生学习潜能的挖掘，满足不同学生个性化和多元化学习的需求。

三是契合性。智慧教育实现了教与学的高度契合，主要通过实时教学、高效互动、科学分析来体现。实时教学突破时空限制，便于教学资源实时获取；高校互动突破课堂限制，便于师生之间、学生之间交流互动；科学分析记录学生学习过程中的数据，让评价更加科学有效。

第二节　智慧教育理念的教育教学改革新思路

随着社会发展，开放教育校园网络已实现全面覆盖，为智慧教学提供了很好的信息环境基础，但是利用智慧教育进行日常教育教学的并不多，基于智慧教育理念，我们试从教学观念、教学手段、学习方式、教学目标等方面提出新的思路。

一、更新教师的教育观念

信息技术正在改变我们的生活，同时我们也可以深切地感受到信息技术完全可以促进教育的创新，可以增添课堂的生命力，它具有巨大的魔法效应，但是要使这个魔法在课堂上发挥其强大威力，还需要借助教师的智慧教学，因此课程教学改革的关键在于教师。当面对迅猛发展的教育信息化，面对新的教育理念，教师必须与时俱进，要有终身学习的思想，主动学习现代信息技术，并敢于用其创新课程教学模式。未来社会的特点是数字化、网络化和智能化，为了让学生能适应信息时代的发展及社会的需要，教师就应该以学生为主体，充分利用数字、网络开展智慧教学。

二、充分利用网络和信息技术开展教学

智慧教育提倡信息技术与课程教学的深度融合，是在原有的慕课、微课等信息技术对课程教学进行补充的基础上的更深层次的结合。在互联网时代，要有效利用学生手中的电子产品，将教师的信息化教学、评价完全融为一体，实现课程教学空间的扩展和课程教学时间的延续。借助网络信息技术，教学内容除了以文本、图形的形式，还可以视频、音频、动画等更加生动的形式表现出来，教学形式上可以更加丰富与智能化，增加教师与学生的信息互动。

三、引导学生泛在学习

泛在学习，可以理解为随时随地学习，即学生能以 Wi-Fi、4G/5G等各种连接方式和终端设备依个体需求获取学习资源，打破传统的固定时间、固定地点、固定设备的一种新型的学习方式，它具有个性化、高效性、移动性等特点。当前高校学生基本人人都有智能手机，在智慧教育的理念下，教师应引导学生将智能手机成为其泛在学习的有效工具，指引学生如何从开放的、大量的共享数字资源中，找到自己所需的相关信息资源，鼓励学生将海量的、碎片化的信息不断进行整合并进行创造性重构，以实现知识的创新。

四、培养学生智慧发展

培养学生智慧发展是当前信息时代对教育所提出的新的目标。在当今互联网时代，人们接受信息获取知识的渠道越来越多，但是人类面对自然界和社会环境突变而出现的问题、需要解决的问题越来越复杂，因此解决问题的关键——“人”的培养也需要顺应时代的需要得以提升。学者刘晓琳提出，知识正走向智慧。在以往的教育教学，培养者更关注于知识的传授，而忽略了知识的应用。而智慧教育理念下，培养学生智慧发展应更关注于学生获得知识后，为学生提供探究体验

的环境，以科学的态度，允许学生质疑，支持学生以全新的眼光整合已有的知识进行创造性思维，大胆提出个人的观点，从不同的视角提出问题、分析问题和解决问题，突出培养学生的创新精神，激发学生的创新欲望，调动学生的创新热情，鼓励学生的创新实践，给予学生客观的创新评价。

在教育信息化背景下，创新创业教育改革，势必引入智慧教育学习环境，构建基于智慧型课程教学为主的创新人才培养模式。随着云计算、大数据等信息技术的发展，高等院校要从组织保障、智慧云架构、师资队伍、课程体系、实训平台、培育平台等方面全方位、系统地开展创新创业教育，为培养高素质创新人才进行积极探索。

第三节　智慧教育体系的建立

一、5G为智慧教育体系发展奠定基础

在国家战略提出背景下，依靠教育部的指导与相关产业链的支持，5G技术进入到教育领域中，如5G教育专网、5G云考场等方面已经取得了较多的成果。通过使用人工智能、大数据等新兴技术，教育逐渐从数字化开始向着智慧化方向发展。

第一，基础设施建设。在教育中应当坚持从推动云网筑基层面出发，打造互联教育网络，在做好网络规模与质量建设等工作的基础上探索出适合的发展方向，提供个性化的服务。根据相关指导意见，需要从教学、评价、研训、管理四个方面出发，加大5G智慧教育运用力度。

第二，加强5G与高清视频技术的结合，提升体验真实性，打造出良好的线上教学环境。借助AI精准评价，能够实现减负发展目标。在推动研训发展方面，可以为教师高质量研训提供支持，借助NLP、智慧图谱等获取知识点，实现存储空间联动，为教研沉淀与流转共享等工作开展奠定基础。在推动服务升级方面，能够确保管理的高效性，提升管理精细化，在全面落实“双减”政策的基础上打

造高效的智慧化5G平台。

第三，做好产业生态完善工作。通过从顶层合作出发，在签订战略协议等的基础上探索出适合的智慧教育体系发展模式，为家校协同、“双减”工作开展等提供支持。

二、完善智慧教育体系架构

智慧教育体系能实现学习、管理、交流、评价、科研、服务等，加强教师、学生、管理者三方面之间的交流。结合如今智慧教育产业具体标准，想要实现可持续发展目标，就需要通过机制来进行保障，应推进机制建设相关工作。

（一）构建智慧教育云中心

构建智慧教育云中心是适应时代的产物，它是促进教育信息化发展的关键与灵魂，同时也是解决资金筹集难度大、共享实施难度等问题的方法之一。因此，在智慧教育发展中首先要根据实际情况及时构建智慧教育云中心，搭建一个适合教育改革，能够提供统一门户、身份认证、接口、数据中心等的云中心平台，能够把所有的教育资源统一起来；能够对现有教育软件系统进行整合，形成系统贯通、高效好用的信息平台，为教育用户提供高质量服务。在建设智慧云中心时应当及时找准定位，结合具体完成规划，将人、财与物等资源运用到系统平台中，满足数据存储、数据交换等需求，打造出良好的服务中心，确保系统教育信息化工作的高效开展。

（二）构建智慧教育环境

环境是一个新事物赖以生存的空间，智慧环境是保障智慧教育工作顺利开展的生存空间，这个空间应当联合体现物联网、大数据、云计算等技术优势，打造出简单、高效的智慧教育环境。构建智慧教育实体环境，主要是构建智慧校园、智慧教室、智慧图书室，智慧校园，包括了智慧教室、备课室、语音室、评价监督室等智慧实体，结合实际智慧教育环境的构建对现有的网络设备进行升级，在现有校园网的基础上运用RFID技术、传感器技术等高科技设备，充分实现不同物体之间的有效联系，提供高效服务。运用RFID技术能够满足学生上下课签到、行为喜好、行为踪迹、门禁系统等管理需求，传感器技术则可以运用到课内外教学中，如实验活动、听课记录、健康安全监测等。只有合理利用基础设施、高科技与网络远程教育手段等，才能有效提升教育效果。

（三）构建智慧教育库

学习资源是促进教育系统发展的基础内容，也是教育的智慧沉淀、分享载体，应当把构建智慧教育库作为建设重点。一是构建学习资源库。学习资源库属于开展智慧教育的重要资料来源，其中包含教学素材、教学案例、多媒体课件、媒体素材、学习素材等，所以在建设中需要从合理运用层面出发，根据课程标准要求进行分析，做好不同资源的整合工作，购买、自建适合的模式充实资源网站群，打造出高效的教学资源体系，制定出有效的建设与运用模式，实现资源共享与合理运用目标。借助数据挖掘、语义技术等，实现对生成性信息资源的有效采集，在深入加工基础上录入到资源库中。二是开放课程库。现如今随着MOOCs热潮的不断发展，开放资源库建设逐渐成为教育资源发展的重点，所以在建设中需要全面落实开放共享理念，提升课程资源建设有效性，打造出良好的分享模式。在部署教育平台时还需要构建出面向社会大众的、能够支持学生交互式参与的在线课程。为了充实开放课程库内容，还可以将网易公开课、新浪公开课等引入到资源库中。三是管理信息库。管理信息库属于智慧资源体系中的重点，只有保障信息规模化、标准化，才能实现业务智慧管理目标。由于教育管理信息数据属于教育行政部门需要使用的基础性业务管理数据，其中包含学生、教师、设备等，所以就需要从开发适合的管理系统出发，在引入统一使用数据标准的基础上实现与不同教育信息数据中心数据库之间的有效衔接，确保信息持续采集与动态更新等工作的及时开展。

（四）构建五类用户服务

在智慧教育体系中，教育管理者、教师、学生、家长、社会公众属于教育系统中的核心用户，要为不同用户提供准确的教育服务，满足其对教育的需求。第一，教育管理者。管理者能够直观掌握教育资源实际配置，明确不同时间段中实际运行、设备与资产运行等，在做好统计与分析的基础上提升数据精准性，从而确定教育经费投入以及分配政策的科学性。第二，教师。教师需要主持、参与跨区跨校公开课等，及时将名师资源引入到教学中，及时掌握学生的具体学习情况，提升教学针对性，实现与家长、学生、领导、同事等之间的有效联通。第三，学生。学生可以利用数字场馆资源进行自主探究，观看开放课程，在享受优质教学资源的基础上及时与其他同学、教师等沟通，解决学习与生活中遇到的问题。在媒体终端等的运用下，学生还可以不受时间与空间等因素的限制，获取反馈评价信息等，完善自身知识结构。第四，家长。智慧教育体系能够为家长提供智慧沟通服务，及时获取所发布的信息，并将孩子的学习反馈给教师，明确热门专业以及学科优势等。第五，公众。市民可以免费获取相关机构所提供的开放式的优质化教育资源，接受培训与学习，利用移动终端获取个性化学习资源，为教育发展提供支持，同时也可以借助不同渠道及时反馈相关意见，参与到正规、非正规教育活动中，满足自身终身学习需求。

第三章　教育信息化视域下智慧教育的创新模式——微课

随着网络技术的引入，人们的学习方式逐渐发生改变。在网络及“微时代”的双重影响下，微课教学模式已经悄然进入智慧教育教学的领域，并成为人们探索新教学模式的一个重大突破口。可以说，微课是一种新的网络学习资源，并在国内迅速发展，成为智慧教育模式。本章就具体分析教育信息化视域下智慧教育的创新模式——微课。

第一节　微课的内涵

从字面上来说，“微课”可以从以下三个层面加以阐释。

（1）从“课”这一概念来说，微课是“课”的一种，是一种课式，也是一种短小的教学活动。

（2）从“课程”这一概念来说，微课是有计划、有目标、有内容、有资源的课程。

（3）从“教学资源”这一概念来说，微课具有丰富的教学资源，如数字化学习资源包、在线教学视频等。

但是，对其内涵进行挖掘，可以发现微课是一种具有单一目标、短小内容、良好结构、以微视频为载体的教学模式。微课的最初理念是通过正式或者非正式的学习方式，人们不断对短小、主题集中、与实践紧密结合的专业知识进行学习，从而提高学习效果，促进知识的内化。

在这一理念基础上，我国学者对微课教学模式展开了重点研究，很多学者提出了自己独到的见解。

黎加厚认为："微课是时间在十分钟内，教学目标明确、内容短小，能够对某一问题集中说明的微小课程。"①

焦建利认为："微课是以某一知识点为目标，主要应用于教学和学习的一种短小精悍的在线教学视频。"②

胡铁生、黄明燕、李民认为："微课又可以称为'微型课程'，是建立在学科知识点的基础上，构建和生成的新型网络课程资源。微课以'微视频'作为核心，包含很多与教学配套的扩展性或支持性资源，如'微练习''微教案''微反思''微课件'等，从而形成了一个网页化、半结构化、情景化、开放性的交互教学应用环境和资源动态生成环境。"③

上述这些学者的观点都具有针对性，并一定程度上反映出微课教学模式的基本特征，虽然具体内容存在某些差异，但是其理念和核心基本一致。作者认为，微课从本质上是一种对教与学进行支持的新型课程。

---

① 黎加厚.微课的含义与发展[J].中小学信息技术，2013（04）：10-12.

② 焦建利.微课及其应用与影响[J].中小学信息技术，2014（04）：13-14.

③ 胡铁生，黄明燕，李民.我国微课发展的三个阶段及其启示[J].远程教育杂志，2013（04）：36-42.

第二节　微课的模式

一、微课的常见模式

（一）“非常4+1”微课资源结构模式

“非常4+1”模式主要由图3-1所示的五个要素构成。其中“1”代表微视频，而“4”代表围绕它的四个层面，用于构建微视频。这“4”个层面都是围绕“1”建构起来的，并且是与“1”相匹配的资源。

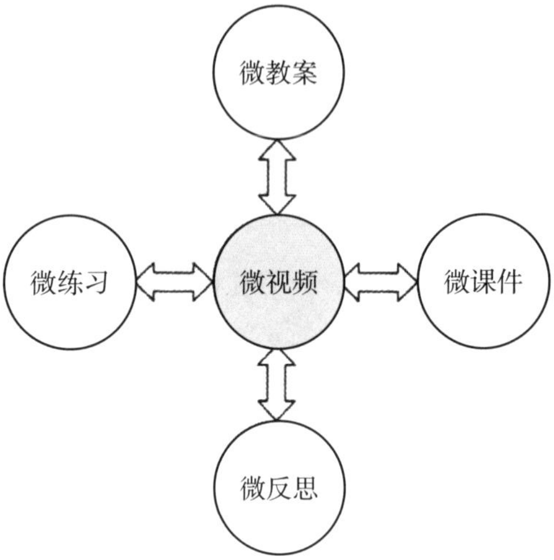

图3-1　“非常4+1”微课资源结构模式

（资料来源：王亚盛、丛迎九，2015）

（二）可汗学院微课教学模式

可汗学院微课教学模式（图3-2）就比较复杂了，并且具有较高的建构成本，但是适用范围还是相对比较广泛的。在这一模式中，教学设计者、教师、学生彼此之间是相互促进的关系，当然彼此也是独立的。这一模式主要是为了完成教学的设计。

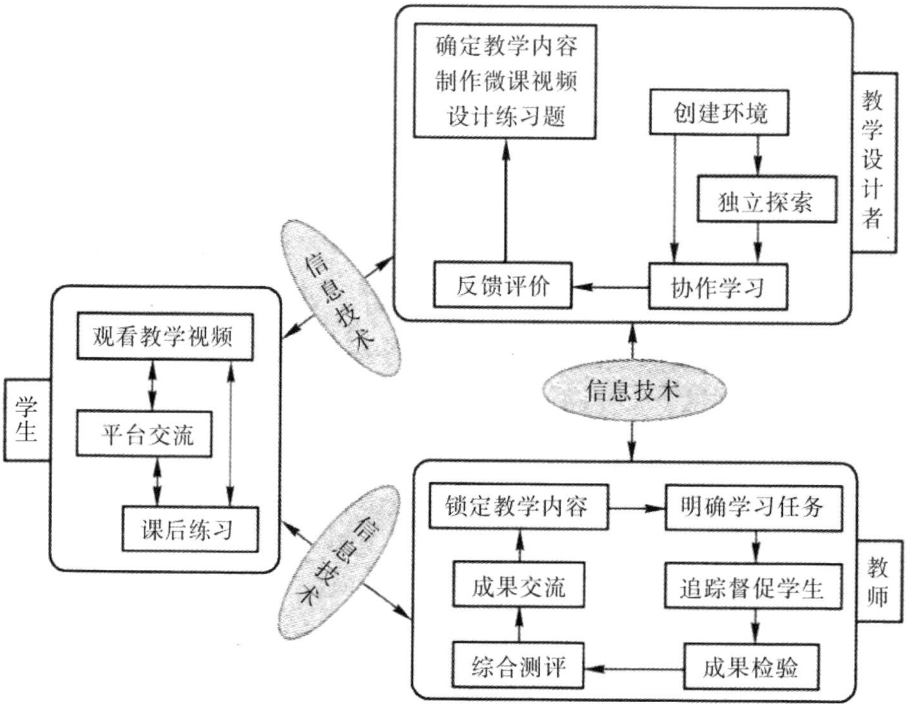

图3-2 可汗学院微课教学模式

（资料来源：王亚盛、丛迎九，2015）

（三）“111”微课内容构建模式

“111”微课内容构建模式（图3-3）主要指的是对三个“1”的把握。其中第一个“1”指的是用1个案例引入教学情境，从而让学生对学习的价值与意义有清楚的了解；第二个“1”指的是带出一个知识点或者概念，从而强化对知识的理解和把握；第三个“1”指的是对其进行训练，从而实现知识的内化。

（四）“123”微课程教学运作模式

“123”微课教学模式（图3-4）是基于国内外学生学习情况建构起来的。其中的“1”指的是教学活动应该将微课程视作中心，并且强调短小；“2”指的是教师要设置教案，组织教学活动，一般要设置两套教案；“3”指的是根据资料展开自主学习，这里的资料主要有三组。

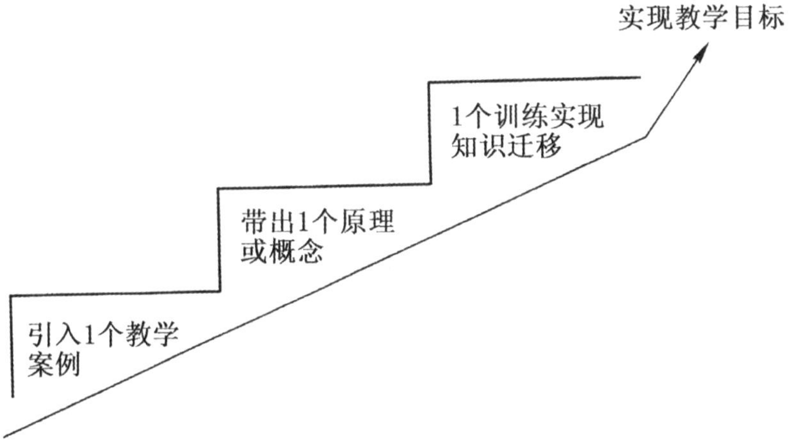

图3-3　“111”微课内容构建模式

（资料来源：王亚盛、丛迎九，2015）

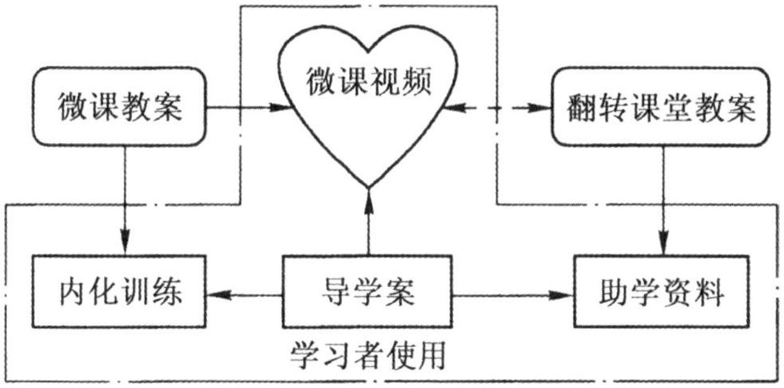

图3-4　“123”微课程教学运作模式

（资料来源：王亚盛、丛迎九，2015）

主学习情况。学生只有通过反复性地完成某一动作，才能掌握其技能或者行为习惯。

（八）表演类

在教学中，教师还可以使用表演类的微课教学模式，即让学生进行角色扮演来将课文内容呈现出来，通过这种创设情境的娱乐性方式，学生不仅可以大大加深对文章的理解，也能够提升自己的审美能力。

（九）自主学习类

自主学习类微课教学模式是一种常用的微课教学模式。在这一类模式中，学生占据主体地位，在学习过程和任务中发挥自己的主观能动性和自主能力，通过自主地分析、探索、实践等来达到自主学习的目标。

（十）合作学习类

合作类微课教学模式在学生与学生之间、小组与小组之间是非常适用的，主要是为了彼此之间可以相互交流和促进，从而提升学生个体的自觉性和参与性，提高学生学习的效果和质量，扩展学生的个体思维，增强学生学习的有效性。

（十一）探究学习类

在探究学习类微课教学模式中，学生发挥自己的主动性，对于新知识或者未知的领域，开展猜想和探索，加之现有条件和资源的辅助来获取知识和技能。

一般情况下，一节微课作品往往只使用一种微课类型。但是，分类并不明确，也不是绝对的，微课可以适用于两种及其以上的组合类型，如合作探究类微课教学模式、启发讨论类微课教学模式、讲授练习类微课教学模式。从我国微课平台上的微课作品分析，讲授类的微课教学模式占据绝大多数。只有对微课教学模式的类型有一个清晰的了解，才能更好地启发教师，在微课的设计与制作上开阔自己的视野，还能够启发学生更好地进行思考。

第三节　微课的特点

从微课的定义与构成上不难看出，微课与当前信息技术相适应，是一种新兴媒体在教学领域的运用。可以说，微课在智慧教育教学中的优势非常明显。

一、教学内容少

微课教学模式主要凸显课堂教学中某一知识点教学，或者是对教学中某一环节或者某一主题活动的反映。与传统教学内容相比，微课教学内容精简，更符合教师的需要。

二、教学时间短

一般来说，微课教学视频时长为3～8分钟，最长也不应超过10分钟。相比之下，传统课堂教学时间长，一般为40～45分钟。因此，微课常常被称为“微课例”或“课堂片段”。也就是说，微课教学时间非常短。在当前的智慧教育教学中，使用微课教学模式展开教学有助于集中学生的注意力，并将这些注意力集中在教学的黄金时段。

三、资源容量小

通常情况下，微课教学模式中的教学视频及配套资料的容量约为几十兆，容量一般比较小。视频格式多为支持网络在线播放的流媒体格式。在智慧教育教学中，微课这一模式有助于教师与学生之间流畅地展开交流。

四、资源构成情景化

微课教学的内容通常具有鲜明的主题，且指向也完整与明确。教学视频片段是微课的主线，并以此对教学设计及其他教学资源进行统整，从而构筑成一个类型多样、主题凸显、结构紧凑的“主题单元资源包”，也创造出一个真实的教学资源环境。这就使微课资源具有了视频教学案例的特点。这样真实、具体的情境不仅有助于学生提升自己的思维能力和学习水平，还有助于教师提升教学技能。

五、反馈及时、针对性强

微课教学内容少、教学时间短，可以在短时间集中开展“无生上课”活动，因此教师和学生都可以迅速获取反馈信息。此外，每一位学生都可以参与到课前组织预演，相互学习与进步，这在一定程度上有助于减轻教师的压力，保证教学活动顺利开展。

六、主题鲜明，内容具体

微课课程的开展是建立在某一主题上的，其研究和探讨的问题也主要来自具体、真实的教学实践，如关于教学策略、学习策略、重难点、教学反思等问题。

由于微课教学内容主题鲜明，内容具体，因此其成果易于转化和传播。同时，微课教学时间短、容量小，因此其传播的方式也是多种多样的，如网上视频传播、微博讨论传播等。

第四节　微课的理论依据

微课教学模式是建立在建构主义、人本主义等理论的基础上的。但是，其也是依据变构学习理论形成的。因此，变构学习理论是微课教学模式的理论基础。下面对其进行分析。

一、什么是变构学习

学习发生生理机制与化学上“变构蛋白质”的结构与功能具有很多相似点。“变构学习模型”主要具有如下两点相互关联隐喻。

（1）“变构蛋白质”特定的功能是由位于氨基酸序列上起决定作用的活性位点之间的关联所决定的，与氨基酸序列并没有关联。由此可知，学习的发生，也就是学习者的思想（概念系统）重构，“不是记录观念并按顺序排列，而是学习者主动对这些观念建立关联，并使这样的关联活化的过程”。[①]

（2）外部环境改变“变构蛋白质”的形态与功能。因此，学校教师或其他教育人员都是不可能直接渗入学习者个体的思维，只有借助对教学环境的操作才能对学习者的概念系统带来干扰，以此提高学生的学习效率。

二、变构学习模型对学习机制的解释

（一）概念是一种思考方式，不是通过从教师到学生的传递而获取的

根据变构学习理论的观点，在成功的教学中，学习者必须具备适当的概念，

① 徐蓉，陈志伟.变构学习模型与指导性学习环境的设计[J].基础教育研究，2010（15）22-23.

同时形成可持续发展的概念系统，这样他们才能学会学习。

教师呈现特定的话题前，学习者大脑中已经存在一些关于这一话题的各种想法、习惯与问题等。换言之，学习者自身具有一个特定的解释系统，这一解释系统就是概念系统。这一概念系统具体由如下两大部分构成。

第一部分是学习者依据以往生活情境所形成的关于世界的心智图景，包括家庭、情感、文化习俗、自然、地理等方面的经验感知。

第二部分是学习者进行判断与行动过程中运用的推理方式。

上述两部分结合起来，就可以帮助学习者从其所处的世界中获取意义。由于概念系统中包含了所有学习者对信息进行重构的方式，因此学习者所运用的概念系统对知识的建构起着决定性的作用。

（二）知识的获取是由学习者已有的概念系统转换过程所致

知识的获取必然要经过一个名为“概念精制”的活动。概念精制指的是“学习者借以把新信息同所调用的知识进行对照并产生出对解答他们的问题更为适当的新意义，从而实现概念系统转换的手段”。[①]由该定义可知，实际上，只有当学习者的心智结构实现了全面重组之后，他们才能对某一模式有一个真正的了解，或能够真正地运用某一概念。

（三）概念系统转换须借助多参数的交互配合

对学习者而言，概念系统是一个非常复杂的函数。概念系统转换机理可以用数学公式表示如下：

$$CONCEPTION = f(P, R, M, N, S)$$

上述公式表示，概念系统的转换是P、R、M、N、S等参数相互作用产生的。

P（problem，问题），即学习者体验到的对自己原有的概念系统的一些威胁与挑战。

R（set of references，参照系），是指学习者已经掌握的其他概念可以在新概念形成过程中作为参照。

---

① 裴新宁.变构学习模型与教学设计[J].全球教育展望，2006（12）：38-42.

M（mental proccesses，心智处理），即学习者将自己参照系中的元素联系起来并加以区分，从而生成与运用概念。

N（semantic network/grid，语义网络或语义网格），即在已经存在的概念与心智处理中的特定的相互作用与联系。

S（signifiers，意义符），即那些在概念产生与解释中必备的观念、符号以及标记。

综合以上论述可知，变构学习指的是“原有知识的结构与新知识的重构”。①

三、基于变构学习的教学设计

基于变构学习的教学设计应注意以下几个方面的内容。

（一）激发学生，启动学习

在学习中，学生只有受到激发，才能对学习产生兴趣，才能积极主动地从正在处理的知识中提取意义。因此，在教学设计中，教师应注意了解学生的兴趣所在，同时找到相关的背景信息，在此基础上，创设合适的情境，同时提出一些问题，这些问题应保持在学生可达到的范围之内。

（二）诱发概念系统失衡

“困惑”或“扰乱”状态是产生学习渴望和发生学习的最佳时机。②通常情况下，学生往往会通过概念系统来对其周围的世界进行认识与理解。因此，在教学过程中，教师应注意创设学习环境，从而让学生置身于某一情境中，让他们意识到自己的推理与新的情境之间存在一些矛盾，这样学生原有的概念系统就会产生“动摇”，转换原有概念系统，形成新的概念系统的需求就会随之产生。

---

① 于永昌，刘宇，王冠乔.大数据时代的教育[M].北京：北京师范大学出版社，2015.

② 裴新宁.变构学习模型与教学设计[J].全球教育展望，2006（12）：38-42.

（三）引导学生学习元认知

在教学中，教师应注意引导学生对知识进行全面的理解，培养他们形成良好的思维方式。因此，教学设计除了要让学生获取知识之外，还应引导学生掌握一些思维技能，激发学生在知识过程中进行思考与想象，从而培养他们的好奇心、逻辑推理能力，提高他们的自信心。长此以往，学生就会意识到，知识包含很多类型，它们互相依赖、互相影响，是一个不可分割的整体，只有共同发展时，才有可能形成一套与自己思维习惯相符的推理思考方式。

（四）引领学生探索

在学习过程中，如果学生遇到难以解决的问题或困难，容易变得紧张与焦虑，这就会给学习产生很大的阻碍。这就要求教师在教学中，努力营造一种轻松、信任、安全的课堂氛围，让学生积极面对困难，勇于探索。教师不应仅仅是知识的传授者，更应该是学习条件的组织者，在必要时引导学生树立自信，引领学生积极探索，从而完成学习目标。

（五）帮助学生启动思维助手

思维助手就是教师为了帮助学生完成学习目标而提供的各种信息媒介与方法。各种各样的干预情境都可以作为思维助手，如为了学习某一科学原理而采用的隐喻、故事、游戏、模拟、小组学习、专家的介入等。这些都可以给学生创造触及知识的机会，从而实现与知识的互动以及概念系统的转换。

（六）给学生提供想象与创新的机会

想象对学生的学习具有积极的促进作用。通过想象，可以使真实世界与科学世界之间的距离缩短，从而使学生对两个世界有一个更准确的认识与理解；通过想象，学生有可能形成理论化思维，且可能打破原有知识的藩篱，找到目前还不明晰的问题解决方法，这样就有形成原创性想法的可能。总之，想象可以帮助学生超越已知、探索未知。因此，在教学中，教师可根据具体教学情况设计“想象”任务或专栏，给学生提供想象的机会，引导他们对自己的假设进行检验，从而缩短形成正确理解的进程。

（七）营造知识的“再投资”情境

学习知识的最终目的在于运用。学生所学习的知识只有经过运用，才能得到活化，也才具有可用性。因此，在教学设计中，教师应注重营造知识“再投资”的情境，也就是让学生能够对所学习的知识进行“再投资”。“再投资”通常是以建立组织性、交互性的概念为中心来展开的，这样做有助于学生在已有知识与所学习的领域之间构建一个网络，同时便于他们对不同概念之间的相互作用有一个更好的理解。

四、基于变构学习的教学运用

基于变构学习的教学在运用过程中要求教师做到以下几个方面。

（一）查明教学中的学习障碍

在教学中，利用变构学习模型，可以对学习过程中遇到的障碍进行诊断与预测。学习者在学习过程中的障碍主要包括如下几种情况。

（1）缺少必要的信息。

（2）虽然学习者可以接触必要的信息，然而他们并没有关心这些信息，或者他们没有受这些信息的激发。

（3）学习者受方法、运算或参照系的影响而不能接触这些信息。

（4）学习者通常拥有的知识是“呆滞知识”，没有专门的元素对自己的理解进行管理。

变构学习模型可以有效解决后面两种情况。

（二）提供适当的教学干预

在教学过程中，提供适当的教学干预十分必要。教学干预的提供应考虑教学意图、目标以及学习者的需求。基于变构学习的教学其核心策略是：一方面要充分利用学习者的概念，另一方面还要“通过学习者的概念转化学习者的概念”。

例如，在具体的教学中，教师可以让学习者对自己的概念理解进行阐述，接着结合小组或班级遇到的问题，将信息逐步呈现出来。很多教师出于教学的严谨性或科学性考虑，通常会在开始的时候就将精致的知识表述提供给学生，然而学习者往往难以理解这种表述水平，从而挫伤他们探究的积极性。教师应指导学生学习并掌握各种水平的表达形式，从而与学习者自身的发展水平相符，便于学习者操作。焦尔当把这种“表述形式”叫作“过渡概念”（即一种暂时的“结构”）。这一解释并不完善，但是暂时可以被接受，且对学生以后的学习具有促进作用。

（三）创设促进学习者概念转变的变构教学环境

在实际的教学过程中，有时教师采用了一些中间策略也不一定能驳倒学生错误的原有概念，因此，解构是使学习发生的第一步。教师可以依据不同的情景，选择合适的教学环境参数如图3-6，使用一些策略来促发学习者解构。

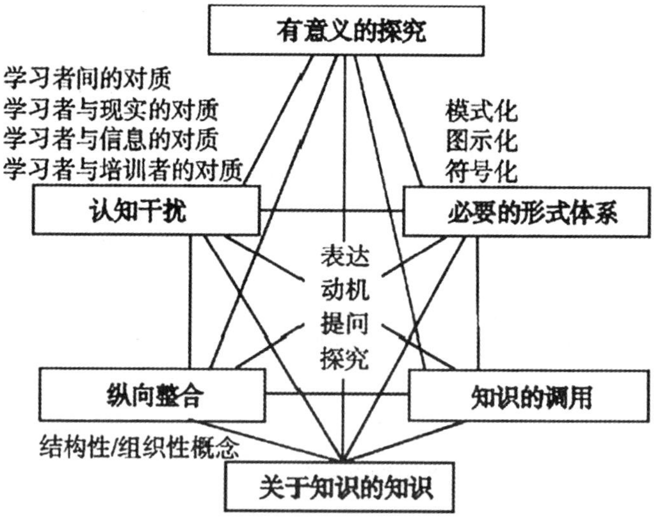

图3-6　变构教学环境中的参数

（资料来源：裴新宁，2013）

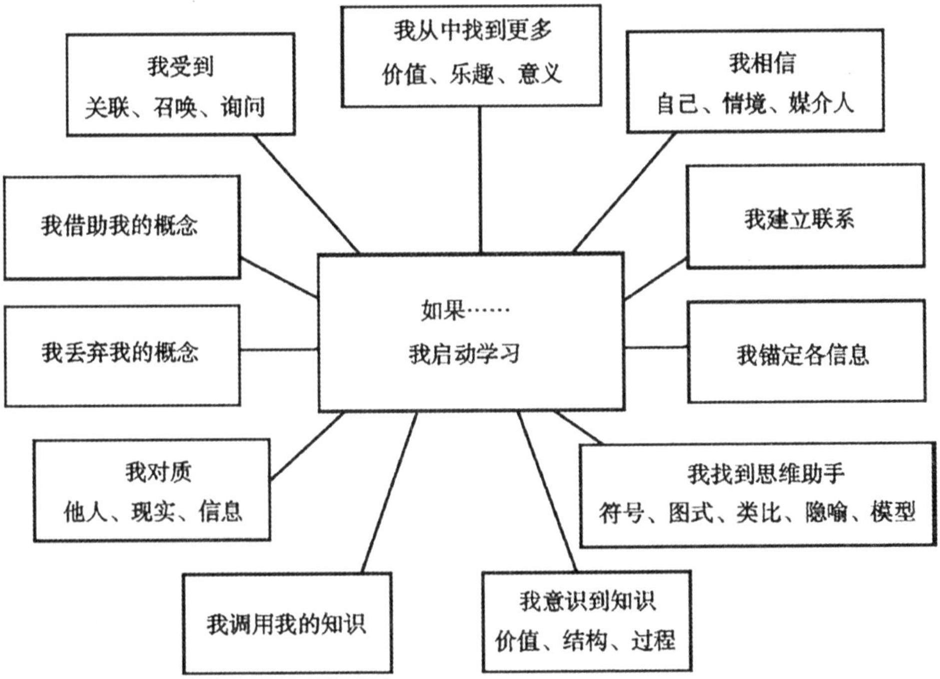

图3-7　变构教学环境策略网络

（资料来源：裴新宁，2013）

图3-7中的变构教学环境策略网络具有启发性。研究人员与教师可以通过这一网络来寻找有效的教学法，并实施该教学法，同时指导学生采取这些策略对学习加以管理。

需要注意的是，上述不同策略的使用路径不是程式化的，学习者即使使用了每一个策略，也不一定能提高学习效率。学习者应学会积极主动地去调节这些参数。此外，教师要确保做好给学习者提供援助的准备。“学习者所确信的事物没有受到干扰，就不会有学习；但如果干扰过强，就会致己于瘫痪。”[①]只有确定学习者拥有信心，或有援助的情况下，教师才能发起干扰，这样学生比较容易接受认知干扰。

① 裴新宁.让学习成功——变构模型及其教学应用[J].教育生物学杂志，2013（04）：263-270.

（四）识别学习水平

在教学过程中，教师应对学生的学习水平进行区分，采取恰当的教学方式，进行有效的干预。就变构学习模型而言，其主要针对的是根本性学习水平。在这一水平的学习中，学生往往会因不合适的方法、运算机制或参照系等而遇到障碍，这样学习者就难以接触或吸收必要的信息，也可能会由于专门元素的缺失而不能管理自己的理解。

五、依据变构学习的微课教学

根据变构学习理论的观点："新概念是原有概念结构的原有信息与新信息的重构，是通过原有信息和新信息都解构成旧、新数据而重构的。"[①]

大数据时代下，新的信息与新的数据是受到原有概念的牵引，通过手动搜索引擎在"云"端查询而获取的。新概念生成的过程如图3-8所示。

面对"云"的丰富的新景致，很多学习者容易受到牵制，面对自己的问题也往往不知所措，主要原因在于学习者缺少自主学习策略。在微课教学中，教师应引导学生在学习开始之前，首先拟定好提纲，然后依据提纲，循序渐进地进行学习。具体而言，教师可以让学生将大目标进行科学的细分，划分为若干个小目标。学生每完成一个小目标，教师应注意鼓励学生，从而使学生逐步实现大目标。如果只有大目标，没有小目标，这些大目标很容易给学生带来压力，这样学生在上网学习时，兴趣可能会发生转移，从而影响学习效率。

---

① 于永昌，刘宇，王冠乔.大数据时代的教育[M].北京：北京师范大学出版社，2015.

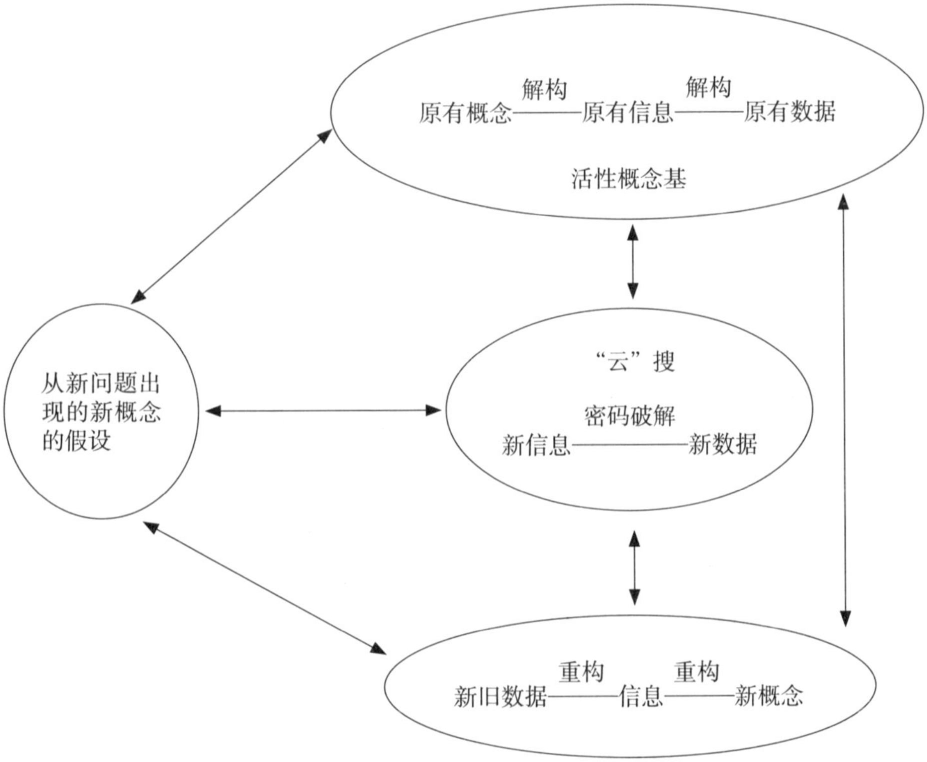

图3–8　新概念生成过程

（资料来源：于永昌、刘宇、王冠乔，2015）

第五节　微课的应用策略

一、微课教学的设计原则

一般来说，学生的注意力保持的时间比较短，而微课教学恰好有时间短这一优势，因此比较适合学生的学习特点。但是，在设计与制作时，制作者或教师应该注意遵循如下原则，以将其特点与优势凸显出来。

（一）微原则

之前已经提到，微课时间尽量控制在10分钟之内，因此在进行微课教学的设计与制作时，最好每次只涉及一个知识点，对某一问题集中解决，这样才能保证微课教学内容的主题明确和具体性，从而也真正地实现“微”教学。

（二）以学生为中心原则

在进行微课设计和制作过程中，一定要坚持以学生为中心，因为微课教学的对象是学生，是为学生服务的。具体来说，要充分考虑学生的实际需求，激发学生的学习兴趣和积极性，充分体现学生的主体地位，站在学生的视角和高度对课程内容、学习活动、各种资源进行设计和组织。

（三）实用性原则

在对课程内容进行选择时，设计者或者教师应该选择那些与学生生活、学习密切相关的情境，从而帮助学生解决自己现实化的问题，让学生认识到智慧学习的重要意义，激发他们的学习兴趣，保持智慧学习的动机。

要想搞好微课教学课程的设计与制作，必须要满足两个条件：一是微课教学课程的重要性，二是微课教学课程的趣味性。一般来说，前者是第一位的，学生只有明确感知课程的重要意义，才愿意去学习，由“让我学”转向“我要学”；后者是对前者的补充，为了保证微课教学的有效性，在设计和制作时必须将趣味性融入进去，这样才能实现课程重要性与趣味性的完美结合。

（四）交互性原则

为了避免单纯的问题让学生更乏味、枯燥，在进行微课教学模式设计与制作时，调动文本、图片、图形、动画、声音等多种元素，加大学生的各种器官的刺激，促使学生将脑、口、手等发挥出来，增强学生的记忆力，同时还能让学生感知体验，对自己的知识体系进行主动建构，最终完成新知识的学习。在学习的过程中，学生主动参与，通过与教师或者其他同伴互动，进行探究式或发现式学习，不断提升自己的学习效率，建构自己的合作学习与自主学习意识。

二、微课教学的制作流程

从实质上说，微课教学在智慧教育教学中是一种微型化的网络课程教学。一门完整的网络课程，一般由众多的与知识相关的教学环节的微课组成。微课教学的设计和制作流程可以用图3-9所示。

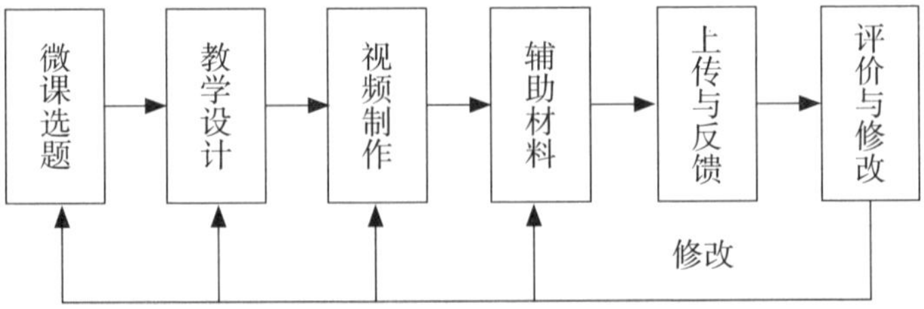

图3-9　微课教学的设计与制作流程

（一）微课选题

微课是建立在特定的主题基础上的，这些特定的主题包含某个知识点与核心概念、某一教学活动或者某一教学环节，其具有明确的教学目标和内容，并且能够在较短的时间内解释清楚，并能够激起学生的学习兴趣，较快掌握该特定主题内容。

微课教学的内容可以是技能演示型、知识讲解型、知识拓展型、题型精讲型、方法传授型、总结归纳型、教学经验交流型或者教材解读型等。

与玩游戏相比，学习并不是一项有趣的活动，因此在短暂的时间内使用微课展开泛化学习是非常难得的。这就要求微课选题应该具有生动性、有趣性、准确性和实用性，形式上也确保短小精悍。而对于那些与主题不相关、凸显主题不明显、没有任何特色的内容或活动，在设计和制作中可以摒弃掉，因为这些只会增加微课内容的冗余和负担，并不会起到积极的效果。

（二）教学设计

通过对国内外微课进行分析不难发现，在进行设计时需要先进行前置分析，尤其是涉及教学任务、学生特征、学习内容等层面，进而制定适合的学习目标，然后从教学环节、内容、方法等出发确定微课类型及其组成要素，并展开设计。在进行微课教学的设计与制作时，应该尽量降低学生的认知负荷。[①]根据认知负荷理论，学习材料的组织方式、呈现方式、复杂性以及学生的先验知识是影响学生认知负荷的基本要素。由于微课具有内容短小、主题明确等特点，因此要想保证能够在较短时间保证内容的清晰和生动，就需要将复杂问题简单化，避免给学生带来太大的压力，即适度安排原生性认知负荷，将无关性认知负荷降到最低程度，实现认知负荷的优化。

（三）视频制作

在微课教学模式中，视频是其核心内容，大多会采用流媒体的形式将教学过程呈现出来。微课视频的过程要尽量简短，这是与记忆的信息加工理论相符合的。

由于微课教学模式的类型不同，其教学主题的导入方式也必然存在差异，但是都需要建立在准确、快速、新颖、生动、有趣的基础上，这样才能更好地吸引学生的注意力。在微课视频制作初始，可以开门见山地引出主题，或者采用承上启下、设置悬疑等形式；也可以从学生熟悉的视角出发引入主题。但相比较而言，后者的效果会更好。

在内容讲解上，微课视频应该要明确、清晰，跟随着教学主题逐步开展，突出重点。在教学过程中，教师应该采用恰当的方法集中学生的注意力，使他们不被外界干扰。

在收尾上，微课视频应该确保简洁明了，给学生留下足够的回味、思考空间。这样不仅可以减少学生的记忆负担，还能够加深学生的印象。但需要注意的是，不是所有的微课教学视频都需要小结，但是给学生留下足够的思考空间还是很有必要的。

关于微课视频的制作方法，主要有五种。

---

① 张晓君，李雅琴，王浩宇，丁雪梅.认知负荷理论视角下的微课程多媒体课件设计[J].现代教育技术，2014（02）：20-25.

1.动画讲解型

动画是按照时间顺序进行排列的图像，具有序列性。教师的讲解声音是教学过程中的时间轴，根据时间轴的位置，教师可以将教学内容中的文本变化、图像变化、数据变化等呈现出来，这就构筑成一段教学动画，从而转换成微课视频。

在动画讲解型微课视频的设计和制作中，可以利用二维动画来制作，从而将漂亮的动画型微课视频呈现出来。一般来说，任何具有过程性的、有趣的讲话录音都可以被制作成动画。因此，如果将一段有趣的或有意义的教学录音制作成微课教学视频，并配合必要的教学文字，那么就能够将教学内容和效果处理得更生动、形象。

总之，动画讲解型视频画面生动、清晰，但是具有较大的制作难度，因为其中需要较多的绘画素材。

2.教学录像型

教学录像型是将教师的讲课、示范、演示等教学活动运用录播系统或者摄像机拍摄下来，制作成微课教学视频。其中的教学活动可以在室内进行，也可以在室外进行。当然，学生可以参与观摩。在工具上，可以使用白板、黑板、演示设备、投影、模型、道具等。对于演示者，要求身体健捷、口齿清晰、形象好，最好是具有权威性，这也能够大幅提升教学的效果。

总之，教学录像型微课视频往往制作简单，但是要求教师充足备课，且具有恰当的教学环境，学生也要乐于参与其中。当然，其工作量也非常大。当前，百家讲坛、视频公开课等都属于这类微课教学视频。

3.多媒体讲解型

多媒体讲解型微课教学视频是利用方正奥思、Authorware、PPT等多媒体工具，将文本、图像、动画、图形、视频等多重元素进行同步讲解，并通过直接转换，录制成多媒体课件自动讲解的微课教学视频。一般来讲，多媒体讲解型微课教学视频的质量是由多媒体课件决定的，需要流畅的讲解、清晰的画面、同步的声画以及良好的效果。并且，解说词也需要事先写好，录音的过程要避免出现错误，在嗓音上也需要作特殊处理。

总之，多媒体讲解型微课教学视频具有美观和清晰的画面，但制作中存在一定的难度，因此在高质量的微课教学中非常常见。

4.屏幕录制型

屏幕录制型微课教学视频是运用多媒体课件、PPT、计算机工具或软件等教学材料，在计算机屏幕上加以显示，教师对着计算机显示的材料进行讲解，或者教师直接在计算机显示器上书写教学内容，然后再将屏幕展示的内容、点评、声音等录制下来，成为微课视频。

一般来说，屏幕录制型微课教学视频制作方法方便、简单，不存在技术问题，因此在普通高校的教师中广泛推广，但是制作的质量也存在明显的差距。为了提升屏幕录制型微课教学视频的质量，最好选择在合适的时间、安静的房间，避免出现嘈杂的声音。同时，教师的讲解也需要亲切、流畅、自然，避免出现错误、咳嗽、停顿、翻书杂音等情况。教师可以提前将讲解词写好，这样有助于保证其质量。

5.视频剪辑型

优秀的微课教学视频应该如电视教学短片一般，综合地使用各种影视拍摄技巧，并需要后期的制作。在视频剪辑型微课视频中，一般需要涉及教师或主讲人的讲解、演示、示范，这样能够将教师或者主讲人的主持风采体现出来，引领着教学活动。此外，其中也会涉及师生之间的互动、实训实践或者实验操作等。

视频剪辑型微课教学视频效果较好，但是有着较大的制作难度，成本也较高，通常需要专业的拍摄、策划、后期编辑、动画制作、配乐、配音等。也就是说，其需要一流的教学设计和微课视频制作水平，因此实施的难度一般较大。

此外，还可以利用手机拍摄教师在白纸上书写的内容、用课堂录播录制教师的授课等来制作微课视频，但是这样做出来的质量不高。在微课教学模式推广的初始阶段，可以采用这一方式，但是一旦成就了一定的规模，微课的设计和制作就应该提高水准与质量，从而不断提升学生的认可程度和学习兴趣。

（四）辅助材料

除微课教学视频外，还需要与之相关的支持材料，以对微课视频教学进行辅助。一般来说，这些支持材料包括教学设计的教案、教学设计的学案、课程教学的内容简介、教师课后的教学反思、学生的反馈、专家的点评等。但是，这些支持材料并不是都包含在内，也不是需要样样都有，教师应该从教学内容、教学目标等出发进行选择，并要避免冗余或混乱的情况。

（五）上传与反馈

微课视频与相关支持材料设计与制作完成后，应该将其上传到网络。如果是为了参加某些微视频设计与制作的比赛，那么就需要上传到指定的平台，并且根据规定调整好速率、分辨率等参数，以及填写好参赛信息等。如果是为了专门的教学而设计与制作的视频，那么就应该传到教学网络平台，并且按照平台对用户的评价进行回答、反思或者做出反馈等。

当前，与微课教学相关的网络平台并不是很多，大多是为了参加微课视频设计与制作的竞赛而设立的，这呈现了明显的评比色彩。但是，针对微课教学特点的网络学习环境还需要进行深入的研究与开发，以此为智慧教育教学模式提供指导。

（六）评价与修改

微课教学的评价需要考虑三个层面：教育性、技术性以及应用性。

1.微课教学的教育性

微课教学的教育性主要包含教学目标的设定、教学内容的组织、教学策略的使用等层面。具体而言，教学目标应该设定明确，教学主题应该明确凸显；教学内容应该进行有序组织，并且每一环节都应该安排恰当、承接自然，单元知识应该有完整明确的说明；教学策略上应该新颖，表现形式应恰当、生动、有趣；配套的学习资料不宜太多，要把握适量原则，并且能够与教学主题紧密结合。

2.微课教学的技术性

微课教学的技术性主要涉及微课本身的艺术性、微课平台的共享性等。微课视频应该确保技术规范性，即码流的速度和分辨率都是严格按照规定设计的。在布局上，应该保证美观、协调，文字与色彩应保证合理的搭配，因为这与学生的认知风格相符合。

此外，微课的支持材料也应该符合技术性的要求，既形式多样化，也应该相对完整。

3.微课教学的应用性

微课教学的应用性是建立在其教育性与技术性的基础上的，如果微课教学具有良好的教育性和技术性，那么必然能够保证良好的应用效果。这可以通过微课教学视频的点击率、点赞率、作者与用户的互动情况、用户的收藏数、用户的分享数、用户的探讨情况等明显体现出来。

三、微课教学的实施

（一）课前准备

课前准备工作的好坏直接反映教师的内容编制技能，准备阶段的工作主要包括对教学内容的选取、对教学目标的确定、对教学策略的制定、对教学顺序的安排及对教学器材的摆放等内容。选取教学内容一定要有明确的主题，对某一个或少数几个选定的问题集中进行说明，这样才能体现出智慧教育教学的目的性、计划性，才能使教学目标发挥引领作用。

（二）课中教学

（1）课程导入。微课时间较短，在有限的时间内尽可能用新颖的方法引出课题，这样才能在短时间内吸引学生的注意力，使其在接下来的时间里集中精力学习。这一环节用时较少。

（2）正式进入教学活动。教学活动是主体部分，以解决一个技术问题为主线，教师的讲解要简短精练，留出让学生自主练习的时间，教师在旁边巧妙启发、积极引导。

（3）课堂小结。课堂小结是对教学内容要点的归纳及整个教学的总结。课堂小结贵在“精”，要起到画龙点睛的作用，不要作不必要的总结，以免画蛇添足。

（三）课后反思

教学探究和解决问题是课后反思的基本立足点，反思的要点有两个，即教和学，通过反思来检验目标的合理性与达成情况，根据现实问题而提出解决方案与改进建议。

第四章　教育信息化视域下智慧教育的创新模式——慕课

慕课教学模式是在信息时代发展作用下，依托关联主义学习理论为基础展开的大规模的在线教学与学习方式。在教育信息化时代，慕课教学模式是当前我国教育教学发展的重要举措，同时也是培养新型人才的重要手段。需要指出的是，教育信息视域下智慧教育中应用慕课模式并不是网络资源的简单堆砌，而是以主题的方式对教学资源进行的科学呈现。本章就对教育信息化视域下智慧教育的创新模式——慕课进行系统分析。

第一节　慕课的内涵

一、慕课的内涵

所谓慕课，英文是MOOC，是“大规模在线开放课程”的简称。从维基百科中我们可以查询到，慕课指的是由参与者进行发布的课程，并且材料也可以在网络上查询到。也就是说，慕课的课程是开放的。慕课的课程具有分享性。与传统课程相比，慕课课程有图4-1所示的优势。

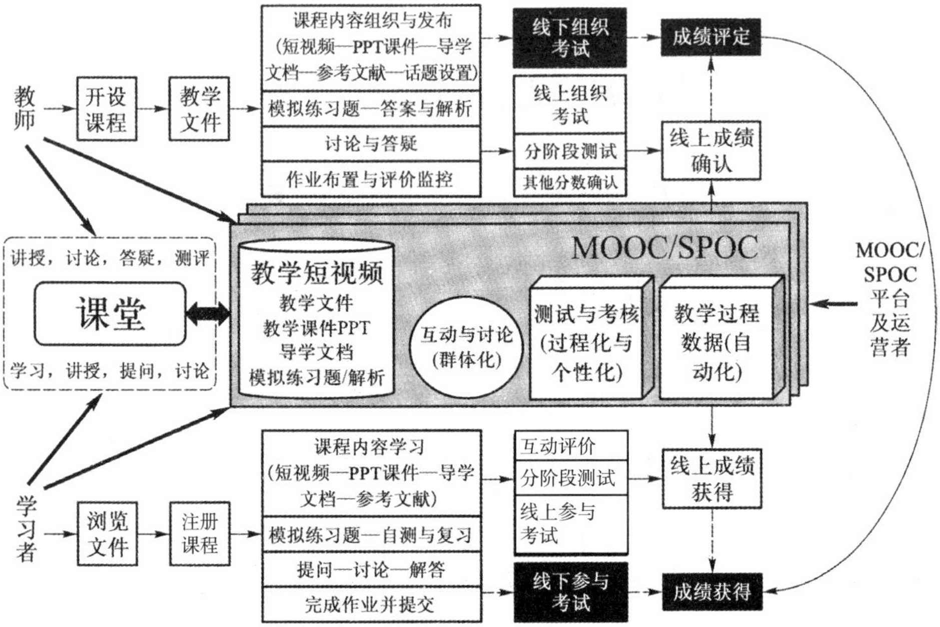

图4-1　慕课教学与传统课堂的比较

（资料来源：战德臣等，2018）

慕课既然用MOOC表示，其可以理解为如下四个层面。

M是Massive的简称，指的是规模比较大。那么这个规模比较大具体指的是两种：一是人数比较多，二是资源规模比较宏大。当然，这个“大规模”也是相对来说的。

O是Open的简称，即慕课课程的开放性，学生可以根据自己的兴趣选择学习课程，如果他们想学习，他们就可以注册、下载学习。即便一些课程是由某些盈利公司建设的，他们也可以进行下载。

O是Online的简称，即教与学的过程是通过网络实现的，如教师的线上教授、学生的线上学习、师生之间的讨论、学生作业的完成与提交、学生作业的批改等。

C是Courses的简称，即课程包含主题提纲的讲授、内容的讲解、各种学习资料的上传、作业的布置、注意事项的提醒等。

慕课这门课程与传统的互联网远程课程、函授课程、辅导专线课程不同，也与网络视频公开课不同。从目前的慕课教学来说，所有的课程、教与学进程、师生之间的互动等都可以在网络上实现，具有完整性与系统性。

二、慕课的形成

随着信息传播速度的加快，知识呈现出爆炸式和集聚式的发展势头，因此世界上不同国家的人可以同时共享重要的信息。这种信息的全球化促使不同文化背景、习俗的人们分享社会进步的成果，感受人类发展成果。慕课正是在这种时代背景下形成的。

慕课教学颠覆了传统的教学形式，最初在美国兴起，是多年网络远程教育和视频课程的演变。这种教学和学习方式，被盛誉为“印刷术发明以来教育最大的革新”。

2011年，美国斯坦福大学教授史朗在网上公开了自己的课程《人工智能导论》。这一行为吸引了全球近200个国家、16万学生的目光，最终2万人完成了这个课程，自此开始了慕课的风暴。

在慕课课程中，美国出现了最有影响力的三巨头：优达学城（Udacity），免费在线大学公开课程（Coursera）和大规模开放在线课堂平台（edX）。

优达学城是创立最早的慕课平台，主要以计算机类课程为主，数量不多，但是质量却较高。Udacity以具有许多为在线授课而设计的细节著称，因此得到了很多学生和教师的喜爱。

免费在线大学公开课程是美国斯坦福大学的两名电脑科学教授安德鲁·恩格（Andrew Ng）和达芙妮·科勒（Daphne Koller）创办的。这个机构也是通过和世界顶尖大学合作，通过在线提供网络公开课程进行教学。Coursera是美国最大的慕课平台，其以资源丰富、门类齐全为主要特点。

大规模在线课堂平台是哈佛大学与MIT共同出资组建的非营利性组织，与全球顶级高校结盟，其系统代码开放，课程形式设计自由灵活。①

---

① 周文娟.大数据时代外语教育理念与方法的探索与发现[M].上海：上海交通大学出版社，2014.

三、慕课的特点

大体上说，慕课的特点包含以下三个方面。

（一）交互性

与以往的视频公开课或者远程教学方式不同，慕课具有交互性的特征。以往的远程教学或视频公开课中教师与学生之间无法产生互动，是单向的。慕课教学是一种在线课堂，虽然是虚拟的，然而教师与学生却可以实现彼此互动。另外，慕课教学过程中所设计的进阶作业更为学生的学习带来了很大的动力，因为学生只有完成一定的进阶任务，才能继续观看教师的在线讲授。这一设计形式不仅为学生安排了具体的学习任务，同时教师也可以在教学过程中得到最及时的反馈。

（二）集约性

“中国大学MOOC”在线学习平台上收集了全国各地的优秀教育资源，在国内著名高校所引领教学团队的用心打造下，形成了目前国内相对成功的一个教学范式。从教师的角度来看，慕课教学团队在设计教学的过程、布置课后作业的角度、评定学生成绩等方面都会给予教师很大的启发，促进他们不断提高自己使用信息技术的能力，从而改进教学，找到最适合学生发展的教学模式。另外，全国各地的教师还可以利用在线教学平台来共享优良的教学资源。从学生的角度看，不管是国内重点大学的学生还是普通院校的学生，都可以通过慕课学习平台获取最优秀的学习资源。

（三）广谱性

科学技术的发展将人类社会带入互联网时代，同时伴随着数字革命的兴起，促使着世界各个国家的教育进入“在线”状态。基于互联网的慕课教学模式下，学生的学习不受时间、地点、人员等因素的限制，一些著名教师线上所开设的慕课有时候甚至可以吸引几万人同时观看和学习。

慕课作为一种新型的教学形式是对全世界所有人开放的，不管学生身在何处，只要有互联网的地方都可以随时加入学习的进程中。可见，慕课自身所具有的自主性也十分符合高校的要求。学生在慕课教学模式下可以自由选择学习的时间、方法、步骤等，自主完成慕课课程的在线学习。

四、慕课的教育与学习

传统的教学通过办学方式、学习形式、招生和入学条件等的限制以及学费与文凭的行政捆绑，阻碍了知识的自由流动。[①]但是慕课教学与学习是知识的自由流动。同时，学习的方式也很简单，只要通过注册、认证后便能在网络上进行课程学习。

（一）教学

大体上说，为了在知识自由流动的前提下保证知识吸收的有效性，相关教育工作者可以通过以下几个途径进行慕课教学管理。

（1）建立学分管理系统。慕课教育下的学分可以通过更加多样的形式进行，改变传统教学中硬性的学分评价形式。例如，教师可以通过学习者的学习过程、学习成就等情况，对学生进行客观公正的评价。

（2）使用第三方评价机构。第三方评价机构指的是以第三方的形式对学习者的学历教育和非学历教育进行评价的组织。这些组织通过对学习者的慕课学习进行评估，能够对其学习能力进行综合评定，从而减少了传统教学评估的单一性。

慕课教学是对学习者主观能动性的考验，需要学习者自觉、主动地学习。教学的目的是使学习者掌握科学的学习方式，慕课教学的形式通过为学习者提供相关教学资源，能够促进终身教育的实现，同时也会培养出更多符合社会需要的专业人才。

---

① 于永昌，刘宇，王冠乔.大数据时代的教育[M].北京：北京师范大学出版社，2015.

等内容。

第三，慕课课程的时间一般不会太长，控制在8～15分钟之内最佳。

第四，慕课课程在目标设置的时候需要从多方面考虑。

第五，慕课课程应保证创新性和开放性。

第三节　慕课的课程设计

一、设计原则

（一）适度分解

根据课程要求，结合课堂实际制作网络课程视频，通过对案例中教学内容即课程视频的分析，以知识点为单位来设计课程视频，一般在15分钟之内讲解一个知识点或一个问题并制作成视频。但是有的知识点可能属于复合知识点，对于一个课程视频不能将问题讲清楚的知识点，应该对知识点进行适度的分解，在课程设计的过程中不能只追求短小而将课程随意切分，这样课程的完整性和连续性将受到影响，且不便于学习者系统、完整地学习。因此，课程设计者在设计课程的时候要根据课程性质的特点、课程内容的特点、学习者的特点等方面来适度分解和组织课程。

（二）个性化

根据课程要求，结合课堂实际，按照学习者需求来设计课程，即课程应该具有开放性。课程的设计必须充分考虑学习者的共性，同时按照学习者要求考虑个性化的学习需求。

（三）交互性原则

应根据课程要求，结合课堂实际，按照学习者需求，设立“在线练习、作业”“在线测试”“讨论区”等模块，实现学习者与在线课程的可交互性。

在课程设计时一方面积极引导学习者之间以及学习者与教师之间展开交流，并帮助解答疑惑；另一个方面通过提供各种各样的社交工具让学习者之间进行问题的交流和知识的共享，这样的互动交流活动可以让学习者接触到知识稍高的学习成员，使自己的发展区发生转化，并创造出更大的发展可能。

（四）多样化原则

多样化原则包括两个方面：版本多样化和内容多样化。版本多样化是指对不同终端设备的特性，在设计同一学习内容时，要考虑在移动端、PC端、iPad、手机等不同浏览器中的呈现形式；内容的多样化是指通过对课程视频、教学活动（提问、交流、讨论、解答）、学习评价得分进行学习资源的设计，让课程资源呈现多元化，并且满足学习者自己的学习需求。

二、教学设计

（一）教学设计的前期阶段

教学设计的前期阶段主要的任务包括三个方面：学习者分析、教学目标分析和教学内容分析。

1.学习者分析

在设计课程时要按照学习者需求考虑多种因素：学习者的类型、学习者的需求和学习者的环境。首先，需要考虑设计的课程面向的学习者属于哪种类型，每种类型都有自己的职业背景和学习目的，然后需要分析学习者的学习需求，即学习者通过这门课程的学习希望获得什么，最后分析学习者学习这门课程的环境，即是在什么样的环境中学习的。

2.教学目标分析

教学目标是指课程目标实施的方向和预期达成的结果，是一切教学设计的出发点和最终归宿。经过教学目标的分析确定教学目标的类型，以选择有针对性的教学设计过程。首先，针对学习者的全方位、深度分析为学习者制订起初的学习目标；然后，当学习这门课程的人越来越多的时候，根据学习评价和学习者的反馈以及学习者对知识的掌握程度等情况，逐步修改教学目标；最后，要注意教学目标应具有系统性和明确性，明明白白地告诉学习者学习完本门课程所获得的知识和技能。

3.教学内容分析

根据教学目标要求，学习者系统学习的知识、技能和思想、行为等的总和即教学内容。首先，通过详细审查、选择确定线上课程的教学内容；然后，根据教学内容考虑线上教学课程的整体结构，也就是如何科学安排线上教学课程的学习主题及学习单元，在这个过程中需要考虑教学内容与教学目标、学习者的分析；最后，对教学内容进行划分来组织教学内容结构。教学内容结构为：学习主题—学习单元—知识点。知识点是线上课程学习中信息传递的基本知识单元，如理论、道理、某一概念、具体事实等，课程目标下“最小”的知识单元是知识点。学习者学习一个或多个知识点所准备的具体学习内容和活动是学习单元。学习单元必须具有相对的独立性与完整性。这些学习单元在所涉及的知识点上具有一定的关联性与内聚性，而一个或多个学习单元则构成学习主题。

（二）教学设计的核心阶段

教学设计的核心阶段包含四个方面：学习资源设计、教学活动设计、学习评价设计和学习支持设计。

1.学习资源设计

学习资源是网络学习者在学习过程中可以利用的一切显现的或潜隐的资源。网络课程教学视频是慕课学习者学习的主体学习资源。因此，教学视频的设计对于学习者的学习至关重要。教学视频设计主要包括三个方面：课程教学视频制作手段和制作工具、课程教学视频内容设计以及课程视频注意事项。首先，通过对学习者、教学目标、教学内容等深入分析，得出教学视频适合哪种制作手段和需要使用哪些制作工具，根据所选的手段和工具，以知识点为单位来进行课程教学设计。其次，课程教学视频内容的设计包括学习内容、教学策略和媒体三个方面。最后，要根据需要关注的事项进行视频设计。通过两个步骤来对课程教学视频进行设计。步骤一，学习内容和教学策略设计。通过对教学内容的分析，以一个知识点或若干个关联知识点为单位设计视频，同时，使用合理和适当的教学策略来对学习内容进行讲解，只有这样才能设计出适合学习者学习的教学视频。步骤二，媒体设计。当学习内容和教学策略设计完成后，需要选择文本、图片、音频、动画、静态视频、动态视频等媒体素材来呈现。

2.教学活动设计

教学活动设计主要包含学生个体、学生与学生互动以及学生与教师互动三类。

学生个体教学活动设计：充分利用已有要素来设计个体教学活动。例如，为了提高学习者的主动性和积极性，在设计课程教学视频过程中，应该设置适当和合理的问题和小测试。对于设置的问题和小测试，应该具有层次性和难易性，必须适当运用提问策略，在视频中引导学习者思考问题。根据课程要求，结合教学目标在课程教学视频屏幕中PPT上合理并适当设计关于知识点的关键词、参考文献等资料，让学习者边看教学视频边记录要点并思考。

学生与学生互动教学活动设计：学生与学生互动强调社会学习及合作学习理论，重视学生彼此之间多线的互动切磋，其教学活动多以分组讨论、合作项目、作业互评等形式呈现。设计出有关学习内容的话题，让学习者之间进行讨论，提高他们的学习参与感，以及在设计课后作业时要尽可能设计多人协作完成的作业；对于作业的批改，可根据适当的课程内容和教学目标合理设计。

学生与教师互动教学活动设计：教师与学生互动包括线上教师提问、学生的聆听回答、离线时的帖文讨论、作业提交评阅、课程信箱的师生问答等。在这类活动中，教师的作用至关重要。教师扮演着教学的组织者、教学的实施者、教学的有力促进者等角色。

3.学习评价设计

学习评价设计的主要目的是：授课教师通过在课程设计中的测试、作业以及习题等，反馈改进教学设计，调节学习者的学习活动，全面满足学习者的学习需求。要根据学习者的课堂测试和课后作业来进行设计，并根据反馈情况及时更改设计。

4.学习支持设计

学习支持的设计是为了更好地满足学习者进行自主学习的需要，要为课程教学视频、教学活动和学习评价提供学习支持。

第五章　教育信息化视域下智慧教育的创新模式——翻转课堂

2007年，美国两位高中化学教师提出了翻转课堂，并对传统的课堂秩序进行了颠覆，从此翻转课堂风靡全球，成为很多研究者关注的话题。翻转课堂之所以成为教学改革的一大潮流，主要是因为当前的高校还普遍存在着教学方式单一、以教师为中心、学生被动学习等问题，导致课堂效率低下，学生很难内化知识，而翻转课堂的实施恰好改变了这一点，做到了以学生为中心，对传统课堂的教学空间进行了延伸与拓展，提升了学生的创新思维能力。可见，翻转课堂对教学改革十分有益。基于此，本章就具体分析和探讨教育信息化视域下智慧教育的创新模式——翻转课堂。

第一节　翻转课堂产生的背景

翻转课堂是一种颠覆传统的学习模式，也是一种混合式学习模式，它将传统教学优势和在线学习优势结合起来，以实现优势互补，获得更好的学习效果。

翻转课堂这个术语是从英语Flipped Class Model翻译过来的，通常被称为“反转课堂式教学模式”。传统的教学模式一般是老师在课堂上把知识讲解清楚，布置一些相关的课后作业，学生利用课后时间巩固练习，老师再定期批改。“翻转课堂”教学模式的课堂形式与传统的课堂有着根本性的区别，学生可以利用一切空闲时间在线上学习知识，而课堂成为师生之间和生生之间互动的场所，包含答疑解惑、知识的运用等，以达到更好的教育效果。

那么何为翻转课堂呢？就是教师或课程组事先录制好教学视频，学生利用任意空闲时间、任意地点学习老师的视频课程，这就是所谓的线上。之后还有线下现场课堂，就是师生面对面交流，老师不再复述视频上的知识点，而往往给学生布置一些小项目作业。

翻转课堂作为一种新型的教学模式，颠覆了传统的教学过程。它调整课堂内外的时间，将学习的决定权从教师转移给学生。传统的教学中，教师在课上进行知识传授，教授给学生新的学习内容，课下学生完成知识的内化并完成作业。而翻转式课堂的教学重构了学习流程，教师以教学视频和网络资源的形式在课下完成知识的传递，课上学生通过完成作业、讨论探索，教师给予个性化指导完成知识的内化。

翻转课堂本质上是教学者赋予学习者更多的自由，把知识传授的过程放在教室外，让学习者选择最适合自己的方式接受新知识，而把知识内化的过程放在教室内，以便学习者之间、学习者和教师之间有更多的沟通和交流。这样既吸收了传统课堂和在线学习的优点，又摒弃了它们的缺点。学习者在网络上可以随时学习、反复学习在线课程，避免了传统课堂中一时没听懂、满堂发蒙的情况；学习者带着问题参与课堂合作学习，避免在线孤独学习状态；学习者在课堂教学中感受到教师就在身边的亲切感，避免在线学习师生的隔阂感。好的翻转课堂学习，能将以学习者为中心、基于问题的学习以及合作学习等教育理念发挥得淋漓尽致，最大限度上发挥传统课堂和在线学习的优势。

第二节　翻转课堂的兴起与发展

一般认为，翻转课堂起源于美国科罗拉多州落基山脉的林地公园高中。2007年春天，该校化学老师乔纳森·伯尔曼和亚伦·萨姆斯使用屏幕捕捉软件录制

PowerPoint演示文稿播放和讲解，并把结合实时讲解和PPT演示的视频上传网络，帮学生们补课。后来，他们让学生在家自行观看教学视频，在课堂上完成作业，学生遇到困难时可以向老师和同学请教。这种教学模式与传统教学模式正好相反，传统教学模式是在课堂上听老师上课，回家做作业，因此这种课堂教学模式被称为“翻转课堂”。

林地公园高中这种“翻转课堂”教学模式的尝试还仅限于传统的校园范围。真正将“翻转课堂”这种模式推广到全世界的是可汗学院创始人——孟加拉裔美国人萨尔曼·可汗，他将制作的教学视频公开发布在互联网上，供全世界所有学习者免费共享。2011年3月，萨尔曼·可汗在美国加州举行的“TED”（Technology Entertainment Design的缩写）大会上介绍了“可汗学院”的成长故事。

事实上，萨尔曼·可汗这一颠覆传统教育的创举出于偶然。他原本在一家基金公司工作，2004年，可汗的表妹纳迪亚遇到了数学难题，她向远在另一个城市的表哥萨尔曼·可汗求助。通过雅虎通聊天软件、互动写字板和电话，可汗帮她解答了所有问题。很快，他的侄子、外甥、外甥女也纷纷前来讨教。后来，可汗把自己的数学辅导材料制作成视频，放到You Tube网站上，供更多的人分享，受到网络学习者们的热烈追捧。

2007年，萨尔曼·可汗创立了一家教育性非营利组织——可汗学院，旨在利用网络通信技术进行免费授课，现有关于数学、历史、金融、物理、化学、生物、天文学等科目的内容，教学视频超过3500段，使命是让免费教育真正成为可能，让每个人都能享受到最优质的教育。数据显示，全球有5600万中小学生观看他的教学视频，凭借一个人一根网线，可汗颠覆了美国的传统教育。

概括而言，可汗学院所引领“翻转教育”模式具有以下特点。

一是教学视频新颖。可汗学院的教学视频长度一般在10分钟以内，每个视频针对一个特定问题。视频中讲解的教师是隐身的，只看到一块电子写字板书写的文字、数字、公式，听到老师妙趣横生的解说，这使学生将注意力放到知识点上，忽略教师的存在，在色彩和形象的冲击下增强了记忆。同时，10分钟时间的设定，没有超出学生普遍的注意力持续时间。

二是教育模式创新。在可汗学院的教育体系中，一个很重要的模式是“满十分前进”模式。在特定的章节与单元的练习中，只有最后达到了十分，才可以进入到下一个单元的学习。这种练习系统的设计弥补了传统教学中通过考试来对学生进行学习检测的缺陷，保证每一名学生掌握每一个基础观念。

三是教育系统人性化。学生可以在任何条件许可的地方，不依靠老师，通过视频自主学习。这打破了传统课堂教学空间和时间的限制，打破了教室的规章制度的束缚。学生可以按照自己的步调学习，在不懂的地方暂停、重播。老师可以利用可汗学院设计的评估检测系统，通过数据、曲线与表格，知道学生在哪里暂停、学习的速度与质量，帮助教师真正了解学生。

四是教学资源共享。可汗学院的所有教学视频完全公开免费，可以供人们自由观看与分享，全世界任何人都可以免费享受到优质教育；同时，人们也可以通过网络把自己的资源进行共享，任何有经验和能力的人都可以选择在网上注册成为辅导老师，对任何想学习的学员进行无偿指导。

理论而言，借助任何一台联网的智能终端，世界上任何一个人都可以享受到可汗学院的“翻转课堂”课程，享受到免费的优质教育。从这个角度而言，可汗学院确实掀起了一场新媒体教育的数字革命。对专业教师而言，可以在开放的优质教育资源中寻找与自己教学内容相符的资源作为课程教学内容，这就极大地提高了资源利用率，使学生接触到国际性优秀教师的最新教学内容，弥补优质教育资源分布不均衡的现状。

目前，可汗学院提供的免费课程大多是可以标准化订制的数理化，人文学科的内容比较稀缺，而且主要集中在K12教育阶段中。

翻转课堂在我国也受到了高度关注，大学、中学和职业培训院校等都对其进行了探索实践。南京市的九龙中学根据翻转课堂的模式和理念，运用多种教学方法实现了“课前学习、课中互动、课后巩固”的教学过程，用电子白板、校园无线网和微视频等方面的探索实践也取得了一定的效果；上海市仙霞高中开展翻转课堂专题培训，针对重点班级和学科进行翻转课堂教学实践；上海市的曹杨实验小学、卢湾一中心小学等进行了名为“云课堂”的翻转课堂试验等。

由此表明，翻转课堂在国内的研究应用已取得了不少成绩，但对翻转课堂的研究和实践仍处于初始阶段，高等院校采用翻转课堂教学的还比较少，因此翻转课堂的应用和发展的空间还是很大的。

第三节　翻转课堂的定义与特征

一、翻转课堂的定义

当前，看到的出现最早的翻转课堂模型就是图5-1所示的罗伯特·塔尔伯特教授的模型。

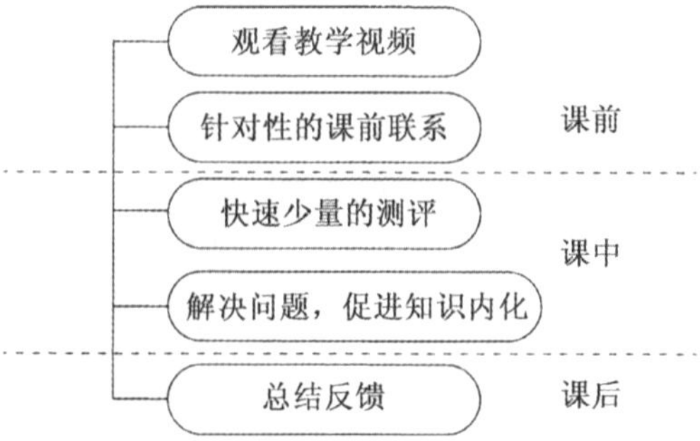

图5-1　罗伯特·塔尔伯特的翻转课堂教学结构图

（资料来源：孙慧敏、李晓文，2018）

这一模型为后续学者、专家进行教学模式探索提供了基本思路。那么，到底什么是翻转课堂教学模式呢？有人将其定义为一种在线课程，也有人将其定义为传统课堂顺序的颠倒，并未实质进行变动。但是，这两种观点都不准确。实际上，翻转课堂的核心在于教学视频，但是教师在其中也仍旧发挥重要的作用，因此不能将翻转课堂定义为一种在线课程。在传统的课堂中，教师充当知识的灌输者，但是翻转课堂是将知识传授予以提前，而将课后需要练习的内容转移到课堂之中，学生与教师或者其他学生在课堂上可以进行探讨。这种颠倒实际上是为了让学生对知识进行内化，这才是翻转课堂的内涵所在。

（一）掌握学习理论

所谓掌握学习，即学生在自身掌握足够的时间与最佳的学习条件的前提下，掌握学习材料的一种手段。掌握学习的核心在于学生之所以未取得好成绩，并不是他们的智力不够，而是因为他们的时间不足。因此，只要给予他们充足的时间，那么他们的智力就会被激发出来，就会完成学业。

（二）学习金字塔理论

美国学者埃德加·戴尔率先提出“学习金字塔”理论，它用数字形式形象显示了学生采用不同的学习方式在两周以后还能记住的内容多少（平均学习保持率），如图5-2所示。[①]

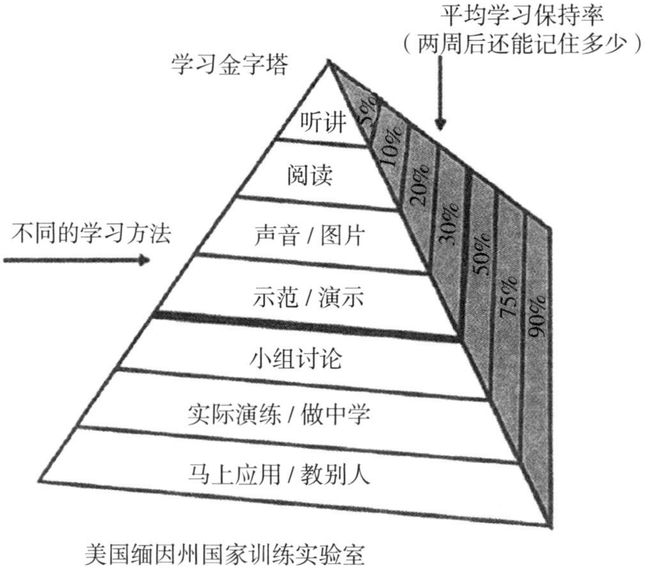

图5-2 学习金字塔理论

（资料来源：孙慧敏、李晓文，2018）

由图5-2可以看出，学习方法不同，其学习效果也必然不同，并且通过分析可知，其能够揭示出传统灌输学习与体验式学习是如何影响学生学习的，也能够为学生提供提升学习效率的路径。

① Dale Edgar. Audio-Visual Methods in Teaching[M].New York：The Dryden Press，1954.

二、翻转课堂的特征

（一）教学结构由传统“教学”转变为“学教”

教学结构是指在一定的教育思想、教学理论、学习理论的指导下，在一定环境中展开的教学活动进程的稳定结构形式。其是教育思想、教学理论、学习理论的集中体现，是教学系统四要素相互联系、相互作用的具体体现。

在翻转课堂的教学结构中，学生是教学系统的中心，在整个教学过程中教师起组织者、指导者和促进者的作用，利用情境、协作、会话等学习环境要素充分发挥学生的主动性、积极性和首创精神，最终达到使学生有效地实现对当前所学知识的意义建构的目的。

（二）教学观念是以学生为中心，由“教”转变为“学”

由于教学过程的改变，翻转课堂中学生的角色发生了质的变化。

首先，由于在翻转课堂中，学生获取知识的主要渠道是教师制作的教学视频和各种网络资源，这就意味着学生从知识的被动接受者变成了知识的主动建构者，学生不再是知识灌输的对象，而是认知的主体。

其次，在信息化环境下的翻转课堂中，学生可以自定步调，自主安排学习的时间和速度，可以反复观看教学视频，学生由知识的被动接受者转变为主动探究者，是知识意义的主动建构者，同时在课堂上学生有了更多的参与性、协同性和主动性，不再是以原来的独立主体来完成任务。因此，翻转课堂的教学设计应在观念上进行转变，以学生为中心，将学生看作认知的主体。

（三）教学任务转变为课外的知识讲授和课内的学习活动、评价指导

相对于以往传统教学的教学任务，翻转课堂的教学任务发生了翻转式的改变。在传统教学中，教学任务是教师在课堂上讲授知识，教学内容单向流入学生。而在课堂外，学生进行意义的理解和建构，对知识的提升也基本上靠自己，协作互动环节较少。在翻转课堂中，教学任务转变为课外的知识传授以及课内的学习活动和评价指导。课外知识传授的主要渠道是教师制作的教学视频和各种网

络资源，学生在课外自学这些材料，进行新知识的学习。在课内，学生的任务则是完成作业、探讨问题和接受教师的个性化指导及反馈评价。

第四节 翻转课堂与传统课堂的碰撞与对接

一、翻转课堂与传统课堂的碰撞

翻转课堂与传统课堂的碰撞，主要体现在教育理念上。翻转课堂要求革除传统教育理念及教学方法上的弊端。

受应试教育的影响，很多教师在教学理念、教学方法上存在弊端，这不仅不利于教师提升自身的专业能力，也导致学生的全面发展受阻。具体来说，这些弊端主要包含如下几个层面。

（1）教师将教学视作实现教学目的和手段，教学是一个控制过程，是知识传递的工具，因此教师只关心如何选择教学手段，而忽视对教学目的本身的关注。

（2）教师将教学视作教与学的简单拼合。教师教授的是书本的知识，是简单的信息传递，学生学的是教师讲解的知识，是被动接收的容器。

（3）忽视学生体验，忽视学生发挥自身的主观能动性，缺乏互动。

基于此，传统教学模式下的教学阻碍了学生人格的全面发展，使得学生成为应试的工具，这样的教学与教学目的相背离。

在翻转课堂教学模式下，要求教师对教育观念进行改变，他们是否愿意改变，是必须要解决的首要问题。这种教学模式还需要教师具备一定的信息素养，这样才能做得更好。

二、翻转课堂与传统课堂的对接

传统课堂教学有着明显的弊端，使翻转课堂的优势凸显出来，但并不是说要完全舍弃传统课堂，而是要求二者的完美对接。具体而言，主要从如下几点着眼。

（一）学校作息时间安排问题

翻转课堂教学需要学生花费很多的课后时间展开自主学习，要求教师在教学时间上进行合理安排。在翻转课堂教学中，教师不应该占用学生过多的课余时间，应该让他们能够有时间展开自主学习。学生在课后的主要任务就是观看教学视频，进行针对性练习。

（二）学科适用性问题

目前，国外的很多翻转课堂教学实践都是针对理科来说的，且理科具有明确的知识点与概念等，教师只需要讲好一个公式、一个例题就可以，因此容易实施翻转课堂。但是，对于文科来说，其讲授的内容比较广泛，需要师生之间展开思想、情感上的交流与沟通，因此这对文科类教师提出了一个很大的挑战。

这就要求教师要不断提升教学视频的质量，通过教学视频，概括所要讲述的知识点，将相关的理论加以阐述，让学生在课后查阅相关的资料，并进行主动思考，然后在课堂上与教师或其他学生进行讨论，直至深化对该问题的理解。

因此，对于不同的学科，教师需要采用具体的策略来实践翻转课堂，并从学生的反馈情况入手，对相应的教学情况加以改革。

（三）教学过程中信息技术的支持

翻转课堂的实施必然需要信息技术的支持，从教师制作教学视频、学生观看视频等，都需要信息技术的参与。但是当前，网络宽带、速度等问题对我国各大高校开展在线教学有了一定的限制，因此在实施翻转课堂教学时，学校需要对这一问题加以解决。

同样，在教学视频制作的质量上，教师也需要进行拍摄与剪辑等，因此需要一些专业人士的辅助，当然不同的学科有不同的风格，教师需要根据自身学科的特点来定。

（四）对教师专业能力的挑战

在翻转课堂实施过程中，教学视频的质量、与学生展开互动指导、课前学习任务的设计等都需要教师完成，因此在实施翻转课堂时，要加强对教师进行培训。在提升他们专业理论水平的基础上，不断提升他们的科研能力，使他们能够关注学生的个体差异，并给予个性化指导。同时，在教师的技术素质上也需要进行培训，便于他们制作出生动活泼、丰富的视频。

三、翻转课堂教学的革新设计模式

翻转课堂教学设计的内容主要包括课前、课中、课后三个环节，具体模式如图5–3所示。课前是“信息传递”阶段；课中通过教师讲解、知识检查、专家答疑、实操考核、知识总结等环节进行知识的“吸收内化”；课后复习提高是知识的提高阶段。

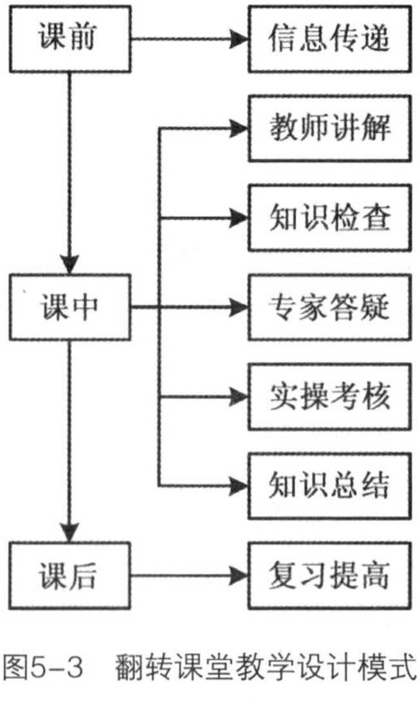

图5–3 翻转课堂教学设计模式

四、翻转课堂的效果分析

翻转课堂对于学习者知识的掌握和教师能力的提升都有较大的影响力。

（一）翻转课堂提升了课堂时间价值

在翻转课堂学习过程中，学生在课下跟随教师讲课视频学习记录笔记，不理解的部分反复听，还可以借助补充资料查缺补漏、拓展学习内容。所以，学习者在进入课堂前已经基本掌握了课程内容，对于自己在课程视频中没听懂的地方了然于心，课堂提问、回答问题和研讨也更加有的放矢，而在课堂中比较注重解决课程中的疑难问题、巩固课程知识。

（二）翻转课堂使个性化学习得以真正实现

在翻转课堂中，学习者真正成为学习主体。在任意空闲时间和地点如寝室或家里都可以学习线上的视频课程，可以在更加自在和轻松的环境中进行；视频的节奏和快慢都由学生自己掌握，对已经掌握的知识可以直接跳过去，对复杂难懂的地方可以倒回去学习多遍，甚至任何时候都可以暂时停顿，进行深入思考或记笔记，知识短板处主动查找资源进行学习，使自己成为知识的主动建构者。课上学习时则积极向教师及学习同伴提出疑问，师生可以为某名学生的疑惑进行答复、研究，学习者的课堂学习变得更愉悦、更有效、参与度更高。

（三）翻转课堂增加了学习中的互动

翻转课堂让课堂的互动得以全面提升，这个互动主要体现在生生之间及师生之间。

由于老师已经从内容的讲授者转变为学习者教练的角色，所以教师能有更多的时间与学生进行交流，解答学生的提问，组织学习小组，参与师生互动，指导学生的学习。教师在查看学生完成作业情况时，如发现有些相同的问题会困扰学生，就可以把这部分学生集中起来，组成辅导小组，必要时可以为这些有着同样疑问的学生另外开办小型教学讲座。这种讲座的最大好处是教师能第一时间对碰到难题准备请教的学生给予指导和帮助。

当教师更多地成为指导者而非内容的传递者时，也有机会观察到学生之间的互动。在现实课堂中，教师巡视过程中会观察到学生在他们自己建立起的合作学习小组里非常活跃，学生相互学习和借鉴，互相促进，教师从唯一的知识传播者中解脱出来。这种教学方法的确有神奇作用，学生主动合作学习探讨方式会让老师充满信心。

当学生看见他们这种学习方式受到教师充分尊重时，他们通常会有所反应。他们会慢慢意识到教师在课堂上不是来下达指令的，而是对他们的学习进行引导。教师的目的不再是让学生机械接受知识，而是使学生成为自主的学习者，能更好地掌握课程的内容。当学生看到教师就在他们身边和他们一起讨论问题时，学生会拿出最好的状态来回报。可能有的老师会有疑问，如何让学生形成学习文化，这个问题的关键在于让学生明白他们的目标不是争取完成任务而是学习，因此教师的着眼点在如何使课程变得更有意义，而不是让学生感觉只是完成繁重的学习任务。

（四）翻转课堂提升了教师的多种能力

一是翻转课堂要求教师集体备课，进行教学设计、内容设计、课程视频录制等，在集体备课过程中向课程组教师学习，提升教学水平；二是教师需要编写学案，学案的编写要站在学习者的角度，提升了以学习者为中心的教学理念；三是教师制作教学视频，视频以知识点为单元，既要精练、准确，还要生动、直观，既提升了教师知识重构的能力，也提升了其信息化水平；四是教师要组织课堂研讨，与学习者一起研究问题，这一过程既提升了教师的课堂管理能力，又提升了其理论指导实践的能力。

五、对翻转课堂教学的思考

（一）个性化教学

在一个非常传统的教学模式中，学生通过一个预先设定的课堂节奏来接受教师的教学。在翻转课堂里，学生在需要知识时，通过自学加之教师的援助就可以获得正确的知识。

（二）同伴教学法

同伴教学法通常与针对课外作业的及时教学相辅相成，这种教学方法包括问题解决技巧、概念理解以及减少在科学学习方面男学生和女学生之间的性别差距。

同伴教学法有七个步骤归纳如下。

（1）布置一个“报道”任务：一次阅读、视频或者活动，或者提供一堂有关特殊概念的微型讲课。在翻转课堂里，学生通常在上课之前就会观看这些视频。举个例子，在上课之前，让学生观看有关根数的视频。

（2）开始新一轮的问题（第一轮）：布置一个和学生报道活动有关的问题，征求学生个人的反馈。学生必须就这个问题提交一个答案。教师可以用低技术含量的工具如卡片或者高科技的工具如一个学生反馈系统来收集学生的反应，让学生对图5-4进行反馈。

我会将一个根数写成一个有理数指数幂的形式，然后，从反面来加上简化的表达式

在不用计算器的情况下估算 $(32)^{-3/5}$

简化的表达式：

$$\sqrt[3]{5}\cdot\sqrt{5}^{3}\qquad\frac{2c^{1/8}}{c^{-1/16}\ c^{1/8}}\qquad\frac{ab}{\sqrt[3]{c}}\qquad(a^{-2/3})^{-1/6}$$

图5-4　教师设置的问题样本

制作的视频不会直接回答这个示范性问题，视频传达的是在视频里发现的概念的应用。在发展良好的同伴教学法中，问题的答案是让学生根据他们对知识的理解去应用相关的知识。

（3）分析学生的回答。

（4）以学生的回答为基础进行分组。

（5）将那些和全班学生回答不一样的学生进行分组，2～4人一组。提示他们去寻找和他们答案不一致的同学，并试着理性地对自己的答案进行辩护。在这个讨论的过程中，学生会尝试一起理解问题。

（6）开始第二轮问题。重新对学生进行调查，教师将看到在讨论之后大家得到的一致答案正慢慢靠近正确答案。

（7）讨论任何一个错误观念。并不是所有学生都能得到正确的答案，因此一个对问题进行的讨论对学生来说是非常值得的。那种30%～70%的学生能够答对的问题是最理想的。如果问题太简单就没有必要使用同伴教学法了，如果太难则只会加深学生对知识的错误观念和错误理解。在实验课堂上，多项选择题使用同伴教学法最高效。

（三）有组织地讨论

有的教师会将一部分课堂时间用于带领学生进行有组织的讨论。例如，关于二次方程式模型的课。在上课之前，学生观看一个关于如何使用二次方程式的简短视频。上课时，学生分成若干组，将二次方程式模型运用到踢足球的抛物线上。他们利用自己对二次方程式功能的理解来应对各种各样的提示，这类提示最终会带领他们理解为什么踢足球的抛物线最好的模型是二次方程式，而不是三次方程式。为了正确地仿照被踢足球的运动轨迹，二次方程式里的“a”是否必须是绝对值小于1的数字？

学生利用课堂时间去提升对知识的深入理解，他们不仅仅学习如何解二次方程式，更多的是在学习如何将二次方程式运用到现实生活中。

（四）及时给学生反馈，减少老师的文书工作

通常情况下，学生会把已完成的作业带给老师看，与老师就学习目标中的关键点进行交流。在此类交流中，教师会查看学生的学习情况。教师不再把学生的作业带回家批改，而是当着学生的面“批改”他们的作业。学生确认不理解的地方，教师便和他们一起探讨，并安排课程活动来纠正学生的错误理解。如果学生证明已经掌握了学习目标，教师就会帮助他们作下一步的学习计划，掌握下一步的学习目标。这段交流的时间非常有效，可以纠正错误理解，促使聪明的学生挑战进一步的学习目标。学生经常会孤立地完成一项学习目标，却看不到这个目标

与其他关键主题之间的联系。这种一对一或小组讨论的形式能使学生的理解和认识更为深入。

学生在教室电脑上做单元测试，所用的测试程序可以即时评分，并给他们反馈。每次测试之后，学生都会通知教师，教师则会和学生一起评阅这次考试，然后进行一次交流，讨论他们已经理解和没有理解的内容。通常教师能够看出错误问题的分布，并以此为学生制订恰当的补习方案。学生不必再等老师把试卷带回家批改，退还给他们，然后用整整一堂课的时间来做试卷分析。每名学生都能得到及时的反馈，对快速纠正他们的错误理解至关重要，也不会妨碍学生对学习目标的掌握。即时的反馈是通达翻转模式的一项关键要素，因为学生必须掌握当期的学习目标才能继续下一个单元的学习。

（五）为学生提供补习的机会

并不是所有学生都能在第一次尝试时就能证明自己掌握了课程目标。如果学生第一次没有学明白，后面会发生什么呢？在传统课堂上，教学进度会依然向前推进，不管学生到底听懂还是没听懂。课堂的推进节奏由老师决定，根据某日应该教授的课程材料来安排。在这种模式下，有些学生越来越落后，他们的成绩很差。在翻转课堂中，教师会给学得慢的学生足够的机会去重新学习，加以补习。

通常而言，在进行每个单元的学习时，都会有学生因某些特别的学习目标而受挫。教师会确认哪些学生有类似的问题，然后和他们一起组成小组，再做一次简短的补习课。据有些学生反映，这样的特别关注是他们学习中最美妙的体验。学生参加单元测验的时候，肯定会有人成绩不理想。这些学生会单独与老师会面，找出最好的补习方法。教师注意到这些学生要么是没能把各个知识点联系起来，要么是没能掌握关键的概念。一旦这些问题都厘清了，学生就可以继续学习下面的课程了。

（六）让学习途径变得更加多样化

全方位学习设计（Universal Design for Learning，UDL）学习理论源自哈佛大学。UDL的基本宗旨是为学生提供多样化的表现手段、多样化的表达方式和多样化的参与方式。

教师发现并不是所有学生通过教师的视频学习都能得到最好的学习成果。为了能为学生创造多样化的表现手段，教师为学生提供了其他可供选择的学习方法。除了教学视频、作业和实验，每一个系列的学习目标都对应着学生用书中的相应章节。很多学生可以通过教师的视频学习，另外有一些学生可以通过教科书学习，还有一些学生可以通过网络搜寻出学习相关的信息。

教师给学生安排的任务使他们可以用多种不同的方式证明已经掌握了学习内容。以往教师会要求学生完成每一项任务的每一个问题，直到教师满意。现在教师已经不在意学生如何学习，只想要他们学会。教师为学生提供适宜的教学视频、工作表和实验安排，这些资源可以帮助学生掌握学习目标。

此外，特殊教育环境下的学生也能在老师的帮助下学习课程材料，学生自主选择按何种顺序来完成自己的学习任务。每次授课可以安排一些辅助任务（实验、工作表、小型项目）。有些学生想要先听听课程内容，然后再完成工作表中的任务，之后再做“有趣的事情”（实验），而有些学生只想按顺序去做。他们都可以按自己的喜好选择顺序，因为学生可以自主选择去做什么，所以他们也会更愿意去做。

（七）给予学生充分的选择权

在UDL的关键要素中，就是给予学生多样化的表达方式。这些表达方式要灵活，并允许学生选择。

允许学生选择多种证明自己掌握了课程目标的方式，包括总结性单元评估、口头讨论、详细的幻灯片展示、简短的视频陈述、用文章形式证明自己已经掌握了课程目标、其他由学生开发出来的方法。

第五节　翻转课堂教学研究——以线性代数教学为例

一、翻转课堂在线性代数教学中的优势

线性代数是数学专业的一门基础学科，它广泛开设在国内外高等理、工、经、管等学科学校数学课程中，它是理工科大学生必修的数学课程之一，通过对线性代数的基础知识、基本方法的学习，学生可以具备一定的数学文化素养，具备一定的数学素质，线性代数在大学数学教学中有着重要的地位。根据课程目标要求，结合课堂实际，按照学生个性化进行研究，如何利用翻转课堂教学形式教好线性代数，培养出创新型思维的应用型人才显得格外重要。

第一，学生学习的自主性增强。运用翻转课堂，教师可以先把要讲解的新知识和相关资料发送给学生，要求学生在课前进行认真预习，学生通过预习对遇到解答不了的问题，在上课时提出来与师生共同展开讨论探究。在课堂教学环节中，针对多数学生爱出错的知识点，老师可以进行详细讲解，有侧重点地讲解，也可以对有个别问题的同学进行面对面交流，这样的教学方法相比于传统的教学方法更具有针对性，更节省时间，更有效。对于学生来说，听教师对知识难点的讲解会更集中精力。同时，在这一新型授课模式下，学生可以在课前和课后任何时间重复观看、学习教师上传的教学视频，这样学生可以自主安排自己的学习，控制学习节奏，学习环境相对轻松，学习有了更多的自主性，使学生更加愿意学习。

第二，学生学习的互动性增加。在翻转课堂教学法中，学生可以在网络平台上与老师、同学进行讨论学习，遇到问题也可以随时在QQ、微信等社交平台上与老师、同学交流，而教师可以通过学生在线学习情况来了解学生对知识的掌握情况，并有针对性地进行指导。这样做的好处是不仅让学生能得到教师在线上的及时指导，而且可以增加师生在课外的沟通互动，有助于拉近师生之间的距离。同时，采用这种授课方法，教师不用分散精力管理课堂纪律，授课效率得以提升，且教师可以结合自身的个人特点与教学思路，使课程更加具有个人风格。

第三，教师的身份转变。在翻转课堂中，教师是指导者、提醒者的角色身份，当前我国所有学生在传统的教育（灌输式教育）影响下，还没有形成主动、自主学习的习惯，在翻转课堂教学形式中教师必须进行适当的提醒、督促，培养学生自主学习的能力。任课教师可以通过QQ、微信等在线平台给学生布置任务，提醒学生什么时间应该做什么事情。翻转课堂就是要将身为被动学习者的学生变成课堂主导者，教师从传统教育课堂的管理者和知识传授者转变成了学生学习的引导者。

第四，教师团队的优势得以发挥出来。在翻转课堂中，从网页上浏览教学视频和资料对学生学习非常有用。教学视频不一定非要由任课教师录制，学习资料也不一定是任课教师的课件。以数学学科的教学为例，数学基础课程教学都由几个教师共同来承担，教师通常选择集体备课，而录制教学视频的任务则由教学水平高、表达能力强的教师来完成。PPT的制作、教学视频的剪辑以及在线平台的搭建与管理则由信息技术好的教师来负责。这样利用教学团队的优势实行分工负责制，教师做到了各擅其长，不但节省了时间，而且可以让学生享受到更多的优质学习资源。

二、翻转课堂在线性代数教学实践中的探讨

结合铜仁广播电视大学的办学定位，我们首先尝试利用微课工具进行翻转课堂教学模式的探索。对于大学数学课程，我们可以先选择某个或者某些知识点尝试进行微课视频的制作，并在课堂上尝试翻转课堂教学模式。我们选择了线性代数的一个知识点“线性变换在不同基下的矩阵表示”制作微课视频。该知识点的教学背景和目标如下。

教学背景：线性变换的定义及运算。

教学目标：会求线性变换在不同基下的矩阵。

教学重点：理解线性变换的实质及矩阵表示。

教学难点：线性变换在不同基下矩阵的理解。

教学方法：举例。

教学手段：多媒体。

下面进行视频创作。

1.线性变换首先是一个映射，其次是同一个线性空间到自身的映射，最重要的是保持线性运算，即线性空间中仅有的加法和标量乘法运算，这意味着向量之间具有的线性关系经过线性变换仍然保持，特别地，线性相关向量组映射过去仍然是线性相关的，但是线性无关向量组映射过去可能线性无关，也可能线性相关。如果自己定义一个线性变换，只需找到一组基，随意确定它们的像，只要仍在此线性空间内即可。

2.对于n维线性空间V，在取定的一组基下，它的线性变换与其在这组基下的矩阵表示一一对应，而且线性变换全体End$V$与对应的n阶方阵全体是同构关系，即有相同的代数运算结构，如矩阵乘法没有交换律，线性变换乘法也没有，这意味着在我们考虑的大多数问题里，二者可以相互转化。如求一个线性变换的值域与核，只要求其矩阵表示的列向量空间和解空间。

3.同一线性变换在不同基下的矩阵表示之间具有相似关系，即

定理5.3.1 设$a1$，a_2，$\cdots a_n$与β_1，β_2，$\cdots$，β_n是线性空间V的两组基，从a_1，a_2，$\cdots a_n$到β_1，β_2，$\cdots$，β_n的过渡矩阵是T，V上线性变换A在上述两组基下的矩阵分别为A，B，则$B=T^{-1}AT$。

这是高等代数学中最重要的等价关系之一，这意味着如果我们可以选取一组合适的基，线性变换的矩阵表示可能会变得非常简单明了，如对角阵。事实上，这并不总能做到，只有我们找到n个线性无关的特征向量时才行，这是矩阵可对角化的充要条件，每个特征值都有相应的特征向量，而且属于不同特征值的特征向量线性无关，因此当n个特征值互异时，矩阵可对角化，这是可对角化的一个充分条件。

例： 给定P^3的两个基$\varepsilon_1=(1,0,1)$，$\varepsilon_2=(2,1,0)$，$\varepsilon_3=(1,1,1)$ $\alpha_1=(1,2,-1)$，$\alpha_2=(2,2,-1)$，$\alpha_3=(2,-1,-1)$

定义线性变换$A\varepsilon_i=\alpha_i$，（i=1，2，3）

（1）写出由基ε_1，ε_2，ε_3到α_1，α_2，α_3的过渡矩阵。

（2）写出A在基ε_1，ε_2，ε_3下的矩阵。

（3）写出A在基α_1，α_2，α_3下的矩阵。

解：（1）$(\alpha_1, \alpha_2 \quad \alpha_3)=(\varepsilon_1 \quad \varepsilon_2 \quad \varepsilon_3)\begin{pmatrix} -2 & -\frac{3}{2} & \frac{3}{2} \\ 1 & \frac{3}{2} & \frac{3}{2} \\ 1 & \frac{1}{2} & -\frac{5}{2} \end{pmatrix}$

因此，由基ε_1，ε_2，ε_3到基α_1，α_2，α_3的过渡矩阵是$\begin{pmatrix} -2 & -\frac{3}{2} & \frac{3}{2} \\ 1 & \frac{3}{2} & \frac{3}{2} \\ 1 & \frac{1}{2} & -\frac{5}{2} \end{pmatrix}$。

（2）$A(\varepsilon_1,\ \varepsilon_2\quad \varepsilon_3)=(\alpha_1\quad \alpha_2\quad \alpha_3)=(\varepsilon_1\quad \varepsilon_2\quad \varepsilon_3)\begin{pmatrix} -2 & -\frac{3}{2} & \frac{3}{2} \\ 1 & \frac{3}{2} & \frac{3}{2} \\ 1 & \frac{1}{2} & -\frac{5}{2} \end{pmatrix}$，

因此，A在基ε_1，ε_2　ε_3下的矩阵也是$\begin{pmatrix} -2 & -\frac{3}{2} & \frac{3}{2} \\ 1 & \frac{3}{2} & \frac{3}{2} \\ 1 & \frac{1}{2} & -\frac{5}{2} \end{pmatrix}$。

（3）根据同一线性变换在不同基下的矩阵之间的相似关系可知，A在基α_1，α_2，α_3下的矩阵也是$\begin{pmatrix} -2 & -\frac{3}{2} & \frac{3}{2} \\ 1 & \frac{3}{2} & \frac{3}{2} \\ 1 & \frac{1}{2} & -\frac{5}{2} \end{pmatrix}$。

注：（3）也可直接根据定义来求，结果是一样的，只是过程略烦。

例：设线性变换A在基ε_1，ε_2，ε_3下的矩阵是$A=\begin{pmatrix} 1 & 2 & 2 \\ 2 & 1 & 2 \\ 2 & 2 & 1 \end{pmatrix}$，求$A$的特征值与特征向量。

解：A的特征多项式

$$x_A(\lambda)=\left|\lambda E-A\right|=\begin{vmatrix} \lambda-1 & -2 & -2 \\ -2 & \lambda-1 & -2 \\ -2 & -2 & \lambda-1 \end{vmatrix}=(\lambda+1)^2(\lambda-5),$$

所以，A的特征值是–1和5。

当$\lambda=-1$时，解齐次线性方程组$(-E-A)X=0$的基础解系为$\begin{pmatrix} \\ \\ - \end{pmatrix}$，因此属于–1的两个线性无关特征向量是$\xi_1=\varepsilon_1-\varepsilon_3$，$\xi_2=\varepsilon_2-\varepsilon_3$，而属于–1的全部特征向量为$k_1\xi_1+k_2\xi_2$，$k_1$，$k_2$为$P$中不全为零的全部数对。

当$\lambda=5$时，解齐次线性方程组$(5E-A)X=0$的基础解系为$\begin{pmatrix} 1 \\ 1 \\ 1 \end{pmatrix}$，因此属于5的一个线性无关的特征向量是$\xi_3=\varepsilon_1+\varepsilon_2+\varepsilon_3$，而属于5的全部特征向量为$k\xi_3$，$k\in p$，$k\neq 0$。

因为V有3个特征向量ξ_1，ξ_2，ξ_3组成的基，故A可对角化，即存在可逆矩阵

$$T=\begin{pmatrix}1 & 0 & 1\\ 0 & 1 & 1\\ -1 & -1 & 1\end{pmatrix},使得 B=\begin{pmatrix}1 & & \\ & -1 & \\ & & 5\end{pmatrix}=T^{-1}AT。$$

把知识点的讲解制作成微课视频展示，在微课视频的最后提出本节的思考问题：线性变换在不同基下的矩阵能不能用一个统一的表达式来表示？微课的最后给出小结，总结这节课讲的所有知识。

这样我们就录制了一段15分钟左右的微课视频，在讲授的过程中，可以结合翻转课堂根据课程目标要求，结合课前学习情况，尊重学生个性化的教学方法，让学生课前预习学习，课堂上讨论，答疑解惑。

三、进行翻转课堂的优点

通过上面的课件可以看出借助工具进行翻转课堂的优势，微课伴随着信息技术的发展应运而生，它与移动互联网的发展相辅相成，是人们进行移动学习的重要载体，也符合目前学生和社会学习者的学习需求。它是一门课程中每个知识点和技能点的小片段，它具有以下几方面的优点。

由于大学数学的抽象性，微课视频的录制对大学数学课程建设起着非常重要的推动作用。首先，通过视频动画的制作，使得知识点更形象生动，能够更好地激发学生学习的兴趣。其次，对教师也提出更高的要求，制作的视频因为要放到网上，教师必须对知识点传授准确，形象生动，喜闻乐见。并且，也需要教师与时俱进地学习和提高多媒体的制作技术。最后，翻转课堂根据课程目标要求，结合课前学习情况，尊重学生个性化教学模式的实施。学生在课前观看视频，对课程已经有所了解和预习，在课堂上，教师可以更有针对性地答疑解惑，针对问题来讲解，提高了课堂教学、学习效率。

合起来，为学生提供更加高效、更加方便的教学环境与手段，从某种程度来说，混合式教学模式对教师提出了更高的要求。

（二）有利于及时反馈

在传统教学模式中，教师很难从学生那里得到全面的、准确的反馈。在混合式教学模式下，教师通过利用相关软件平台，将线上线下教学环境相结合，能够为教师与学生提供全面的、及时的教学反馈，帮助教师快速对教学过程中的问题与学生存在的困惑加以解决，使教师不断提升教学效果与效率。

（三）有利于高效互动课堂的建立

传统教学模式主要以教学活动为主，教学内容主要是从教师向学生的单向知识转移。学生在学习与教学中很少参与到课堂上，也很难实现课堂的互动交流。传统的教学方式缺乏灵活性，显得过于模式化。在混合式教学模式下，教师采用先进的教学工具、教学设备开展教学，可以实现师生之间、生生之间的交互，有机会解决更多教与学的问题。

（四）有利于个性化学习

学生可以自己选择符合自己个性化的学习方式，更好地激励学生参与到课堂之中，便于学生之间进行协作，也为学生创造更多的时间，拓展他们的学习空间与实践。这是教学改革的潮流。同样，灵活选择也是一种深度学习，是一种创新的学习方法，能够帮助学生取得更好的成绩。

二、混合式教学的要素

（一）教学环境

教学环境即教育学发生和发展的环境系统，其会受多种因素的制约。在信息化时代的今天，教学环境也被赋予了新的内涵和特征。良好的学习环境可以激发、推动和强化学生的教学行为，有利于其掌握知识、巩固学习成果、实现个性和才能，所以能否创设有效的教学环境直接关系着学生的整个学习活动。

1.教学环境的功能和设计

教学环境的创设需要联系具体的学习情况以及对其他教学要素的影响，应服务于多种教学目的，如情感目的、实用知识目的、行为变化认知目的等。随着信息技术在高校教育中的广泛应用，计算机网络学习环境已经成为影响学生发展的一个重要学习环境。但是，因为环境建设和维护运行方面存在较多问题，这些花费大量人力、物力和财力建立起来的学习环境的使用效果不尽如人意。

美国杂志主编班德鲁提出，一个有意义的网络学习环境通常包括很多因素，如校方制度、教学法、技术支持、评价方法等，这些因素既相互关联又彼此独立。

蒂尔布姆（Tolboom，2003）指出，网络学习环境即在使用互联网的过程中，用于支持、组织学习过程和促进学习交流活动的硬件、软件和教育内容的统一体。

王静（2005）将网络学习环境的含义分为广义和狭义两个方面。从广义层面上说，网络学习环境是指学习场所和学习媒介所营造的学习环境。从狭义层面上说，网络学习环境即由应用软件、程序语言等设计的网络交流平台。

张立新和李世改（2008）指出，物理环境、社会环境和规范环境构成了虚拟学习环境。

总而言之，学习环境应该是一种综合、动态、平衡的环境，其需要具备兼容系统内部各要素的功能，这主要取决于生态环境的特点；还要具有制约学习活动，使要素互相作用、互相依赖、互相转换的功能，这主要取决于系统论的环境特征；还要具备影响个体发展的功能，这主要取决于环境心理学的环境观；更要具有文化促进的功能，这主要取决于教育环境的文化特征。可见，理想的学习环境需要有两个基本条件：一是可以稳定学习结构，兼容学习要素；二是可以制约学习运转，促进个体发展。与此同时，教学环境原本是一个系统，因为其由许多互相联系和互相作用的部分（要素）按照一定层次和结构组成并具有特定功能的有机整体。在该系统中，各个教学要素均起特定的功能，它们相互竞争、相互作用、相互依存，进而形成一个健康有序的状态。

2.学习管理系统

近年来，高等教育中越来越广泛地使用互联网资源，尤其在开发和应用教育科技和各种学习管理系统时。高等教育中对学习管理系统的使用率极高，甚至一些教师和学生会自己研发一些系统或平台。科学的学习管理系统可以使教师较为轻松地发布作业、测验以及分享一些学习资源，还能开展在线课程的教学，提供一对一的补习或教学讨论。当前，我国常用的学习管理系统或网络教学平台有：超星、云班课、Blackboard等。通常，优质的网络教学平台会将学生、教师以及学习资源通过安全的在线环境联系起来，为教师提供丰富的教学工具，如灵活的课程、学习方式、讨论发帖等。

在教学中运用信息技术，教师可以对课程重新进行设计，激励学生参与学习，帮助他们建构新的知识和技能。

保罗·傅雷勒（Paulo Freire，2001）提出，教育科技尤其是学习管理系统可以看成课程设计的一部分，发挥着重要作用。这些教育技术不是教师，而是协调者；它们不上课，而是建立对话；它们不是学生，而是小组参与者；它们不孤立课程大纲，而是将随所的和编辑过的课程项目压缩到学习单元中。

周（Chou，2001）对于学习管理系统或网络教学平台的功能做出了如下阐述。

（1）以网络为支撑的学习有更多同步或异步学习的选择，一旦课程得以研发并且将其置于网络教学平台，教师就能选择将所有材料公开或开放部分学习内容。当然，教师只需要在选择界面上用鼠标点击即可。

（2）以网络为支撑的学习提供了各种形式的多媒体媒介。教师可以随时随地发布一些笔记、作业、音频剪辑、视频剪辑、PPT、教程等，学生也可以在任何时候用网络对其进行访问。

（3）以网络为支撑的学习为师生提供了更多的交流方式。常用的学习管理系统有电子邮件、博客、聊天、论坛、讨论等。这种方式更容易引起学生的兴趣，这也是传统的大教室无法实现的互动。

（4）以网络为支撑的学习可以为教师提供各种各样的评估。常见的网络作业形式有单选题、判断对错题、简答题、论文、匹配题等。学习系统可以在第一时间显示这些评估项目的分数，使学生随即了解自己的学习情况。

（5）出版教科书的公司可以为学习管理系统提供畅销教科书中的“经典模块”，这些经典内容均可以在系统中提前预设好。在课前，教师只需在系统中简单地加入相应的课程模块即可，无须花费太多时间去准备课程材料的发布工作。

（6）以网络为支撑的学习为教师提供了一个发挥课程学习效果的有效方法。

学习管理系统不单单是一个发布学习内容的系统。除了为教师和学生提供所需的在线教育科技，学习管理系统可以创建课程公告、显示作业和成绩、上传教学讲稿和文件、增强沟通与协作、开展同伴学习、创造灵活的E-learning学习经历等。

在课程中使用学习管理系统时，教师和学生通常会考察课程安排和设计、系统自带的工具和模块特点、学习共同体的扩大程度以及个性化特点等。这四大维度的具体标准：课程设计主要考察的是教学材料的更新程度和有用度以及材料的丰富性、多元性、实用性等；系统设计主要评价系统的使用是否便捷、网络是否稳定、E-learning平台是否有质量保证；学习共同体的目的是了解交互是否容易、信息或数据的分享是否容易、学习体验的分享是否便捷；个性化主要是考察系统是否具有记录学习历史、规划学习进程、灵活选择学习材料以及评估学习成效的功能。因此，为了更加充分、合理地利用混合学习平台，即学习管理系统，应该对系统或平台的具体模块和功能特征加以了解。

混合学习在高校和企业中已经非常流行。一些高校均为教师提供各种学习管理系统，方便教师组织和传输课程内容。国外也有研究证明学生对学习管理系统持积极态度，尤其对系统保证学生有序学习方面的认可。

（二）教学内容

当前，不少高校教师在教学中仍使用初、高中的应试教学法，如向学生灌输知识、强迫学生死记硬背等。另外，一些教师为了满足学生今后的工作和学习需要，强调知识的实际运用，但考试内容单一，考查内容浅显，忽视了学生的学习兴趣。因此，在信息化教学环境下，教学应适当增加考查学生思辨能力的教学内容，让他们在学习的过程中能探讨、分析、推理或评价学习中的各种问题。此外，目前的教学过于侧重目的，忽视了对学生学习兴趣的培养，而最好的教学内容恰恰是兴趣。因此，教师在训练学生的发散性思维的过程中，应该进一步挖掘问题背后的深层内容，使学生体验课堂外的学习兴趣。

（三）教学对象

对学生解决问题的能力进行培养是非常重要的，这样才能使其在工作中有能力处理很多问题。于是，提高学生的各种生活技能成了高校教学的一个重要目标。在一个多样化的课堂上，学生的适应性始于对教师的适应。因此，教师在设计课堂和学习策略时，应该考虑学生这一因素，包括学生的需求、能力、兴趣、已有的学习体验、不同课程与学习风格之间的关联等。麦凯恩（McCain，2005）从更加宽泛的角度提出学习需求的重要性，提出在教学方法的设计上要帮助学生培养现实世界中解决问题的技能，教学内容的设计上要帮助他们成为有教养的人。总之，要想成为21世纪合格的公民，学生要将学校技能与现实世界的技能有机地结合起来。

不论对个人还是国家，培养高校学生的思辨能力都是极为重要的。近年来，很多求职单位以是否具备批判性思维作为选拔人才的先决条件。思辨能力不是一个崭新的概念，早在1933年，约翰·杜威就提出过让学生有效反思的相关理念。因此，教师在和学生进行课堂互动时，可以有意识地通过提问、主题分析、发散性阐述等形式激发学生的各种思辨性讨论和辩证性思考。

第二节　混合式教学发展过程

尽管当前人们对混合式教学概念的认知是比较清晰的，即“基于移动通信设备、网络学习环境与课堂讨论相结合的教学情境”，但在最初，人们对混合式教学的理解却并不清晰。笔者经过梳理，认为混合式教学的发展大致经过了如下三个阶段。

一、初始阶段：以信息技术的应用为核心

从2000年开始，混合式教学这一概念引起了国内外教育家和实践者的广泛关注。这一阶段的关注重点是新兴信息技术在教育领域的应用。例如，美国斯隆联盟开始尝试对混合式教学进行界定，认为“混合式教学是面对面教学与在线教学

的结合。这糅合了两种历史上各自独立的教学模式：传统的面对面教学与在线教学，即在教学内容上结合了一定比例的在线教学及面对面教学”。此阶段的混合式教学并没有关注课程实施过程中的教学方法及教学策略，而是认为混合式教学就是将纯面授教学和纯在线教学进行简单叠加，且强调的是信息技术在教与学中的作用。之后，余胜泉等开始关注这一新的教学模式，即网络环境下的混合教学，同时一些师范大学的硕士研究生开始将混合式教学作为他们的研究重点。

二、发展阶段：以课程“再设计”和“交互性”为核心

2007年以后，美国斯隆联盟对混合式教学的概念进行了补充和发展，其核心内容是对混合式教学中在线教学和面授教学的比例进行了规定，明确只有“30%～79%的教学内容采用了在线教学”的，才能被称为混合式教学。这一阶段的混合式教学主要关注混合式教学环境下的教学“再设计”，如教学策略、教学方法等，且“交互性”成为这一阶段混合式教学研究的高频词汇。例如，叶荣荣等对混合式教学中活动导向的多种教学模式进行了研究，探讨了活动导向的教学设计模式、活动设计的组成要素和一般原则以及教学实施的流程，并给出序列化学习活动的教学案例；金一等对基于混合式学习的分层教学模式进行了研究，提出了混合式学习理论下的分层教学设计思路，并给出了相关课程的设计实例；白文倩等提出了一种基于资源的混合式教学设计模式，并基于此对“多媒体教学设备使用和维护”这一主题进行了教学设计，同时对其应用效果也开展了研究。这些研究都十分关注混合式教学中教师与教师、教师与学生、学生与学生、学生与资源之间的互动。

三、成熟阶段：以学生学习体验为核心

2013年以来，混合式教学迎来了新的发展阶段。在“互联网+”背景下，混合式教学的概念有了新的发展，移动技术被引入概念范围，促使混合式教学变为“基于移动通信设备、网络学习环境与课堂讨论相结合的教学情境”。这一阶段的

些。多媒体网络教室的设备还有监控功能，当学生自主学习时，教师可以检查学生的学习情况，发现其中的问题，从而对教学过程进行更合理的调控。学生如果在听讲或自主学习中有疑问，可利用电子举手功能向教师提问。教师可以利用辅导答疑功能来对学生进行个别指导，有针对性地解决学生在学习中的个别问题。另外，教师还可以组织学生交流经验，讨论问题，对于普遍存在的共性问题，集体处理。这样可以在一个整体的系统中将诸多环节联系起来，使课堂教学结构更加优化，而且学生在交互式的环境下有更多的机会去实践，学习效果会有所提高。

2.丰富教学内容，提高课堂效率

教师制作多媒体课件，要以教学目标、教学内容及教学需要等为依据而进行，在课件制作中分类建库，分类储备各种教学资料，如教案、图片、实验用具等，以便在课堂教学中快速调用这些准备好的资源。多媒体网络教室集图书室、资料室、实验室于一体，与互联网连接，在课堂教学中教师可以获得教学所需的资源信息或校园网上的共享资源，借助丰富的教学资源来创设教学情境，使教学时空进一步拓宽，这也有助于良好课堂氛围的营造，既轻松愉悦，又保持适度的紧张。学生利用学习机也可以实现学习资源的共享，在获得这些资源的基础上充分发挥主体作用。这种教学方式具有高密度、高效率的优势，可促进课堂教学效率的提高。

3.丰富教学内容的表现形式

多媒体信息符号的表现形式有很多，如文本、图形、图像、动画、音频、视频等形式都很常见，这些常见的信息形式经过计算机的集成处理构成了多媒体信息结合体。在网络教室环境中可以用多种形式来呈现多媒体信息，教师要选择最适合、最有效的表现形式来传授教学内容，可以单独使用某种表现形式来传递信息，也可以将多种表现形式结合起来传递教学信息，从而达到抽象理论具象化、静态知识动态化的效果，这有助于将学生的学习兴趣激发出来，对学生的学习能力及多元智能进行培养。

4.可优化组合多种教学形式

在课程教学中，教师可将本校服务器中的多媒体教学软件结合起来进行全面教学，学生在自主学习中也可以对学校服务器中的学习资源自由访问，提高自主

学习能力。另外，教师与学生查询与运用网上资源都可以达到实时性的效果，这有助于师生之间以某个特定主题或教学任务为中心而展开互动，通过讨论室进行讨论，从而快速完成教学任务，使学生全面理解问题，这也为课堂中小组合作学习、自主探究学习以及讨论协商学习等多种学习形式的优化组合运用提供了方便。

二、教学内容要求

（一）创设情境，使学生在真实情境中掌握和运用知识

在传统教学中，往往从具体情境中将知识抽离出来，抽离出来的知识是抽象性、概括性的，虽然这样可以将具体情境中的“本质”内容（概念、规则、原理等）体现出来，但知识运用的具体性与情境性却被忽视了，这样学生虽然掌握了知识，却在具体的任务情境中或遇到现实问题时无法运用所学知识，学习结果无法顺利迁移到现实中。要使学生在建构层面掌握所学知识，也就是不仅掌握知识的表面，也深刻理解知识表面所隐含的性质、规律及相关关系，最好为学生创造真实或接近真实的情境，使学生在亲身参与中去感受、体会，获取直接经验，而不是从教师的口头讲解中去获取。

对此，在高校混合式教学中，教师要注重对真实问题情境的创设或对真实任务的设计，使学习者尽可能在真实的情境中完成所有学习活动。这里要注意一点，真实情境与现实情境不同，不一定要真实客观存在，情境有很多种类型，如基于学校的情境、基于自然或社会生活的情境，想象虚拟的情境、真实现实的情境等，在课堂教学中不管是创设哪种类型的情境，都只有一个原则，就是使学生能够经历类似于真实世界的认知挑战。

（二）利用学习资源为学生的自主学习和协作学习提供支持

在高校混合式教学中，要将丰富多彩的信息化学习资源提供给学生，并在学生获取学习资源、分析处理学习资源、编辑加工学习资源的过程中提供引导与帮助，从而为学生的探索学习、分析解决学习中的问题提供支持。有些学生对信息

化学习资源不熟悉，也不习惯运用，对此，教师要加强对信息化资源的普及，不断鼓励学生使用信息化资源，使学生充分认识到这些学习资源给其自主学习带来的便捷与好处，然后借助现代信息化学习资源来更好地进行自主学习、合作学习。

（三）为学生提供有效引导、支持

高校混合式教学强调学生充分发挥自身的主体作用，主动学习、主动探索，但因为学生的知识结构还比较单一，认识水平还比较低，也缺乏实践经验，所以在学生学习的过程中，教师也要适当地进行指导，在关键时刻给予帮助，如为学生提供丰富的学习资源、反复示范正确的技术动作、为学生提供咨询服务、创设问题情境启发学生思考与探索等，对于那些自我调控能力差的学生，尤其要给予引导和帮助，以免学生因不熟悉新的内容或在学习中受挫而消极被动学习，影响学习效果。

（四）强调协作学习

高校混合式教学强调教师要重视设计协作学习方式，具体包括学生之间的协作、师生之间的协作、学生与他人之间的协作、各主体之间面对面的协作以及在计算机信息技术支持下的信息化协作等。协作学习不仅是学生发展的需要，也是社会发展的需要，因此信息化教学设计特别强调协作学习。现在，社会分工的细化趋势越来越明显，知识增长也极为迅速，需要协作配合才能完成的工作越来越多，所以在现代人才的评价中，将协作意识与合作能力作为一个重要的判断标准。

（五）在学习和研究活动中将“解决问题”和“任务驱动”作为主线

高校混合式教学强调不要将学习孤立看待，而要将其与更多的问题、任务联系起来，以“解决问题”和“任务驱动”为主线进行学习，学生主动投入真实的问题情境或人物情境中，以完成学习任务，解决学习问题。教师在教学设计中要多鼓励学生结合现实生活探究学习相关问题，将学生的高水平思维激发出来，培养学生的高级思维能力。很多学习任务与学习问题背后都隐含着丰富的知识与技能，学生在自主学习或合作学习中探索这些知识与技能，在探索中逐渐掌握并学会运用，这有助于提高学生的探索能力。

（六）强调面向学习过程的质量评价

高校教学设计习惯上将简单的知识与技能作为评价学生学习成果的唯一标准，这在高校混合式教学设计中是不允许的。高校混合式教学强调在教学评价中应将师生在课程教学中的所有情况都考虑在内，强调在真实的评价情境下进行评价，主张凡是具有教育意义的过程与结果，都应该对其进行恰当的评价，不论其是否符合预定目标。此外，高校混合式教学评价还强调对学生学习能力的评价，但不是通过学习结果来评价其学习能力，而是通过其在整个学习过程中的学习行为来评价其学习能力的变化发展，最后作一个评估报告，将此作为改进教学与进一步培育学生学习能力的依据。

第四节　混合式教学的具体步骤与策略

一、混合式教学的步骤

高校混合式教学大致分为以下三个阶段。

（一）课前阶段

在采用混合式教学模式展开教学时，教师在授课之前要针对具体的教学内容和学生的学习情况选择切合的课程资源，并且结合实际情况设计能够培养学生自主学习能力的学习任务，以充分利用教材和网络课程资源。通过一些网络平台，教师可以将教材中所涉及的学习计划、学习目标、学习重点、学习难点、学习主题等相应的预习内容和学习任务等，及时发到学生手中，学生可以根据任务的要求通过不同的方式，如个人独立思考、小组讨论等，有效地获取知识背景，高效地完成预习任务，而且在这一过程中，自主学习能力也会相应地提高。在这一阶段，教师可以利用自主式的学习平台，充分实现师生之间的互动，为学生提供有效的在线咨询，为学生答疑解惑，向学生提供有针对性的辅导和帮助，进而切实提高学生的自主探究精神和自主学习能力。

（二）课堂阶段

在课堂阶段，主要可以从如下几个步骤着手。

首先，教师根据学生对课前预习的完成情况进行检查和分析，重点指出相关问题。

其次，运用多媒体创设富有情境化的教学内容，进一步提出问题，引发学生积极思考，进一步激发学生的探究意识。

再次，教师结合教学实际情况和单元主题，设计相应的学习任务，鼓励学生积极讨论，也可以通过情景对话、角色扮演等方式，激发学生参与的积极性，促使学生主动参与课堂教学活动。

最后，教师鼓励和引导学生进行总结和反思，可以让学生进行自评或学生之间进行互评，进而总结学习内容，激发学生的学习动机和自主探究精神，巩固学习知识，同时提升协作互助意识和应用能力。

（三）课后阶段

在课后阶段，教师可以通过混合式教学进一步补充相应的学习材料，有效拓宽学生的视野，加深学生对所学知识的理解和掌握程度。在课后，学生也可以利用网络平台寻找相应的复习资料，进一步加强学习效果，增加练习的时间，扩大知识范围，更好地完成相应的学习任务。课后巩固延伸了课堂教学的空间，能够显著培养学生的自主学习能力，也能够为学生养成良好的终身学习习惯打好基础。

二、推进混合式教学的策略

（一）带疑探究—讲授示范—动手操作模式

（1）教师要根据课程教学的目标来找到一个或几个富有探索性的问题，然后将问题以适当的时机和方式向学生提出，并引导他们利用已有的信息技术找寻解决问题的方法。

（2）教师利用分解法，将问题由一分多，细致讲解每一个小问题，并进行必要的问题解决示范。

（3）学生通过教师的讲解与示范开始尝试解决问题，在这一过程中如果遇到新的问题便开始思考并向教师提出问题，得到解答后再行操作，直到问题得到解决，最终掌握知识和技能。

（4）教师评价学生的学习表现，学生之间也要进行互评。

（二）任务驱动—协作学习模式

（1）教师以教学内容中的重点和难点为依据，灵活设计信息技术的教学任务和目标。对于任务的设计要遵循由易到难、由简到繁、由外到内。

（2）教师给学生布置教学任务，然后让学生自由选择自己的合作伙伴来共同协作开展研究。学生在研究学习的过程中和同伴分享所获得的一切信息和资料，一起讨论，一起研究。

（3）教师对学生的学习活动进行总结性评价。考察的重点在于学生对信息技术的应用能力。

（三）自主—监控模式

自主—监控模式的教学地点是在建立了网络的教室里。具体学习模式为，学生将教师提供的教学资源利用起来进行学习，教师则观察学生的学习过程。为了给学生创造良好的自由氛围，教师可在教室外通过监控观察。当教师发现学生在某环节中遇到问题，则应适当提供帮助。在自主—监控模式中，学生可根据需要使用网络资源。自主—监控模式的实施程序如下。

（1）教师根据教学目标对教材予以分析，然后以教师认为的最理想的方式向学生呈现教学内容。

（2）学生在接受了学习任务后，需利用相关资料或信息进行独立学习或协作学习。在此过程中，教师的任务是观察、监督，并在必要的时候提供适当的指导。

（3）教师对学生的学习活动进行总结性评价，总结评价具体到个人。

（四）群体—讲授模式

群体—讲授模式是面向多数人（通常为一个班）进行教学的模式。在这种模式下应用的信息技术只是作为一种教学手段出现。该模式的特点主要如下。

（1）集文字、图片、声音、图像等多媒体展现教学内容于一身，让学生对课堂教学活动有更为直观的认识和理解，而不再是过往的那种过于抽象的感觉。

（2）使用便捷、简单、易操作，如此得以将教学内容快速、及时地呈现出来，这无疑可以大大提高教学的效率。

（3）过往教学中那种宏观微观以及时空间等因素都不再成为限制，如此更加方便教师对教学重难点的把控与教学。

群体—讲授模式的实施步骤如下。

（1）教师在备课阶段就要全面掌握教学内容，并对教学中需要的图片、视频等资料细致选择，对需要演示的课件要设计得当。

（2）教师努力创设教学情境，将教学信息展示给学生，引导学生思考。

（3）教师对教学活动作总结性评价。

（五）讨论型模式

讨论型模式是教师与学生通过网络进行的实时或非实时交流的一种教学模式。对于这种模式的应用，通常是由教师提出某一问题，然后主要由学生讨论问题。对于学生的讨论，教师要一一听取，这是了解学生学习思维和发现其中可能的问题的好机会。如果发现问题，教师要及时指导。这是一种对学生非常友好的教学模式，不过需要耗费一些时间，教学效率相对较低。该模式的基本步骤如下。

（1）教师根据教学目标对教材予以分析，然后以教师认为的最理想的方式向学生呈现课件或网页类的教学内容。

（2）学生接受任务后，由教师指导查阅资料或信息进行独立学习或合作学习。要确保在完成学习任务的过程中使用信息技术。

（3）教师要对学生的讨论予以总结，学生间也可以互评，当然也可以评价教师的一些观点。

在讨论型模式中，教师要始终尊重学生的主体作用，要允许学生发散思维，对学生的一些奇异思维不要打断，而要做到先倾听，这是鼓励他们尝试创新的良好开始。

（六）研究型课程模式

研究型课程与当下常见的科学研究的方法已经非常接近了。学生在这种模式的课程中利用信息技术作为工具来分析、归纳、整理各种资料，找寻对解决问题有帮助的信息。

研究型课程中的整合任务是课后的延伸，超越了传统的单一学科学习的框架，它会根据学生个体的认知水平以主题活动的形式呈现生活中的一些问题，以此激发学生的研究兴趣，并完成相应的学习任务。

学生在研究型课程模式中的学习，在设计研究方案、实施方案以及完成任务等环节中都享有相当高的自由度，教师更多只是在选题和资料收集环节中提供些许帮助，如此更能突出学生的主体性和参与性。不过，教师提供的帮助仍旧是不可或缺的，甚至可能决定学生研究性学习最终的成败。

第七章　教育信息化视域下智慧教育的教学评价多元化发展

教学评价作为高校教学的一部分，需要不断改进评价手段，以适应社会发展的需求。当前，高校教学存在的突出问题之一就是教学评价手段不完善，因此高校教学应该完善教学评价体系，使教学评价更为多元化。本章主要分析教育信息化视域下智慧教育的教学评价多元化发展。

第一节　教学评价简述

一、区分评价、评估与测试

对于评价，很多人会联想到测试、评估，认为三者是同一概念。但是仔细分析，三者是存在一定的区别的。简单来说，测试为评价、评估提供依据，评估为评价提供依据，评价是对教学效果的综合评估。三者的关系如图7–1所示。

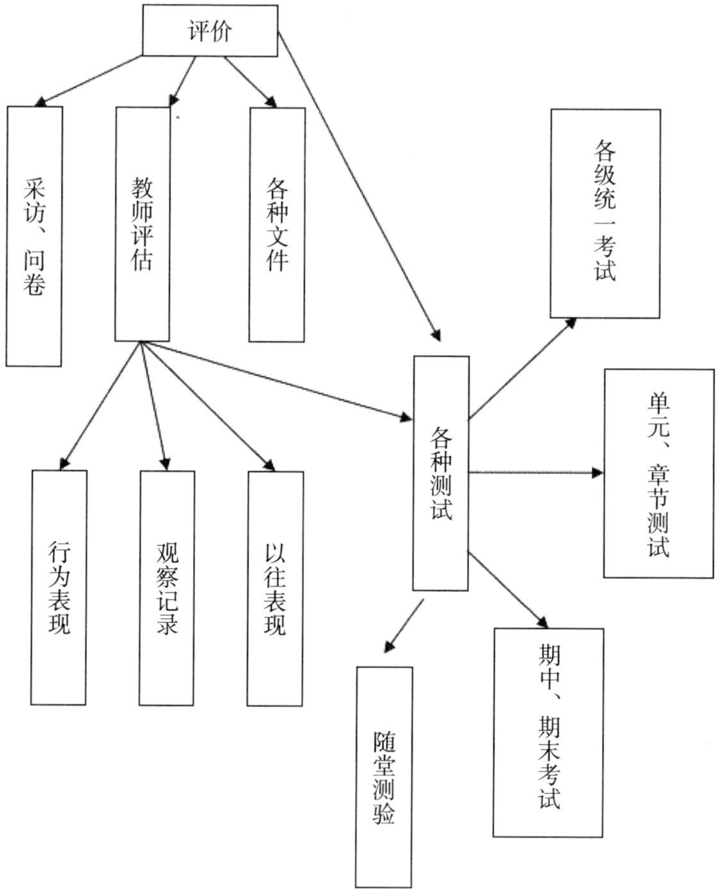

图7-1 评价、评估与测试的关系

（资料来源：黎茂昌、潘景丽，2011）

从图7-1中可知，评价与测试、评估关系非常密切，但是有区别。具体来说，可以从如下几个方面理解。

就目标而言，测试主要是为了满足教师、家长的需要，便于他们弄清楚自己学生/孩子的成绩。当今社会仍旧以测试为主，并且测试也为家长、教师、学生提供了很多信息。评估主要是为教师与学生提供依据，如学生在学习中遇到什么问题、学生学习的效果如何等，便于教师提升自身的教学质量，也便于学生提升自身的学习效果。评价有助于行政部门对教学进行合理配置。显然，三者有着不同的作用。

二、高校教学评价的指标要素

（一）三定二中心

所谓“三定”，指的是教师从教学材料的特点、内容出发，对课程的达标层次位置进行设定，然后分析各个目标层次可能需要用到的时间，然后考虑课堂评价的内容，对课堂展开定性的评价与分析。

所谓“二中心”，指的是课堂要以学生的活动为主体，同时教学任务主要是培养学生的能力。显然，这一原则是为了真正地适应学习，并且也为学生的学习提供了时间与空间。

（二）知识再现

受当前考试题型的影响，当前的教学训练主要是以选择题的形式。这样仅仅给学生提供对正确答案进行辨认的过程，是处于智慧技能的初级阶段。在课堂训练中，一定要避免这种形式，从多种活动出发考虑，体现出学生以往所学的知识，并能够在具体的实践中运用。在大学教学中，教师尽量少用或者在日常训练中不用选择题，否则学生只能获得较低的水平的训练。

（三）优化配置各类活动

大学的课堂有很多的活动，但是当前的课堂活动出现了多而乱的情况，一些本身梯度不够或者不同梯度的活动顺序出现了颠倒的情况，这就明显需要对课堂活动进行优化配置。要想对其进行合理的配置，需要做到如下几点。

第一，活动层次梯度应该明显。

第二，梯度要与学生的认知规律相符。

第三，让全体学生都能够参与其中。

第四，要设置多种多样的活动形式。

第五，对活动的时间进行合理的调整与反馈。

三、高校教学评价现状分析

（一）教师是唯一的评价主体

在我国高校内部，教学评价体系之中的重要对象，往往为教师，教师不仅是评价主体，同时也是被评价的对象，在学生与高校之间起到了桥梁作用，直接影响评价体系的作用发挥，在评价体系内部的地位也十分重要。高校内部的教学评价，往往为教师评价，很少甚至从不开展学生自评、学生间互评的活动，由于教学评价主体单一化，因此教师容易给出主观色彩浓烈的评价，评价结果失去应有的客观性。高校的学生必须参与到教学评价之中，以此构建出完整的教学评价体系，同时彰显高校学生在教学过程中的主体地位。

（二）只关注对结果的评价而忽视对过程的评价

部分高校在开展相关教学评价活动的时候，往往只关注结果评价，没有对过程评价给予应有的关注，教师只凭借期末考试的成绩，判定自身的教学情况，以及学生的学习情况，这样做严重忽视了学生的学习过程以及学习态度，同时也从侧面打击了那些对抱有强烈学习兴趣的学生，甚至导致更多高校的学生产生“理论至上”思想，无法在后续学习过程中提升自身综合运用的能力。

（三）缺乏具备激励性质的教学评价内容

高校内部的教师，往往需要完成大量教学任务，教学只是其工作内容中的一部分，因此教师为了让学生在短时间内掌握知识，会选择在课堂内部长篇大论地讲解，然后草草进行评价。这样做忽视了学生的情感态度，而且个别教师没有在教学与评价过程中，将更多的鼓励给予学生，导致学生在进入课堂之后缺乏应有的成就感以及学习积极性。

四、推动高校教学评价体系改革的策略

（一）高校应当及时转变教学评价理念

教学相关评价体系的建设，必须遵循以学生为本的建设要求，重视对学生综合能力的评价。学生运用的能力就是评估教学评价体系是否科学的标准，学生在整个相关教学评价体系建设当中居于核心地位，而且教师在开展教学工作的时候，必须将学生放在中心位置，并且将该理念运用于评价活动中，保证教学评价体系能够完善地建设。

除此之外，相关教学评价的内容也需要及时改革，教师必须突破传统的教学评价模式，开展综合评价活动，需要对学生的知识、态度、能力、情感、价值观等进行全面评价。在科学合理地设计评价内容之后，教师能够有效推动教学以及评价体系的改革，解决以往教学评价片面化的问题。

（二）高校应当建设专门的教学评价模型

高校内部的课程具备明显的综合性以及复杂性，因此不仅要有序开展教学评价工作，同时还需要革新建设相关评价模型。在构建教学评价模型的时候，教师应当注重评价阶段、维度、问题的系统设计。高校教学的评价模型分为三个阶段，分别为准备、过程以及效果。为了使评价模型具备更强的科学性，需要考虑不同阶段面临的问题，从而使评价模型与教学评价工作紧密结合。

其一，准备阶段，需要准备好评价活动所需的资料，以及评价工作需要运用的信息，然后进行归纳与整合，同时总结以往教学评价体系中存在的问题，从而在改革过程中解决该问题。

其二，过程阶段，高校需要将号召评价主体与客体的全面参与作为重中之重，其原因是教学评价工作并非某一个人或者一个专业内部的教师参与带来的结果，而是所有人共同参与后得到的结果，因此要做好过程控制与严格把关。

其三，效果阶段，总结已经得到的评价结果，然后将已经获取的评价结果作为依据，对公共教学的方法进行调整，指导学生运用更科学的学习方法，发挥出评价体系的诊断、整改、督促等良性作用。

（三）高校应当合理制定教学评价指标

在评价指标的建设过程中，必须对教学评价相关的指标构成要素进行分析，分别就学生、教师、内容、背景四个层面进行评价，重点关注教学管理工作相关评价活动。

需要注意一点，那就是评价体系的建设必须做到以人为本、内容多元、促进发展，评价指标必须具备多个维度，而不是运用单一维度。例如，在教学评价指标建设的准备阶段，教学评价应当重点分析教学资源以及教学内容等，同时考量教学的理念、意向以及策略，更需要考量教师和学生的个性特征、学生已经掌握的知识、学生所运用的学习方式等。

在正式开展课程教学之后，应当评价教师的教学策略、学生的学习方法、课堂内部是否具备学习氛围、教学内容是否丰富合理等。而在教学效果阶段，应当评价教师的教学工作是否达标、学生的发展情况等。所有指标权重必须得到合理设计，量化评价所有的指标。

（四）高校应当深化应用教学评价结果

在改革教学评价体系的过程中，课程的教学评价，必须结合现有的评价结果，深入开展教学改革，从而使教学评价体系得到持续建设和完善。在获取教学评价结果的时候，不仅要进行定量计算，还需要对评价结果进行定性分析，坚持综合性的评价原则，不得单纯地为了获得教学评价结果，而将所有内容简单叠加。在安排教学评价权重的时候，必须考虑到关联程度以及知情程度，从而获得更为客观的评价结果。不仅如此，还要将评价结果进行公示，接受高校全体师生的监督，避免评价结果的内容失真。

评价结果在获取以后，必须在实际教学工作中得到运用，同时融合教师的评奖评优、薪酬绩效、职称评定、学生综合评估等内容，使评价体系发挥出导向作用。

综上所述，我国高校在对教学活动进行评价的过程中存在一系列问题，需要通过改革加以解决。高校应当不断推动教学评价体系的改革工作，以此完善教学的评价体系，从而提升自身人才培养的质量。

（五）高校应当强化形成性评价

1.教师评价过程中存在的问题

在教育过程中，部分教师对考核内容、考核过程、考核题目的理解存在细微偏差，存在以下问题。

（1）评价内容单一

学习应该关注学习过程，而不仅仅是学习成果，要让学生学会合作、倾听和思考。过去，教师以考试成绩作为评价目标，单一的评价内容无法客观评价学生的学习。

（2）评价过程单一

在现有的评价模型中，往往以分数论英雄，通过单元检查、期末考试等总结性评价，在第一阶段评价学生的学习表现，忽视了学生的学习过程。

（3）评价主体唯一

在评价过程中，教师是评价的主体，学生的表现完全由教师决定，学生是非常被动的。

2.形成性评价在大学教学中的运用策略

（1）建立学生个人学习记录档案

建立学生个人学习记录档案，对于指导学生正确运用自我价值评价系统非常重要。个人的学习记录档案一般是教师在日常学习评价过程中逐渐建立起来的、有助于评价一个学生平时自我学习活动方式、行为和表现的一种积累。个人学习档案中的主要内容是对学生的成长评价，有利于进一步激发其学习动力和积极性，促进学生的全面发展。教师充分利用个人学习档案中的评价内容，不仅可以随时让所有学生看到、了解自己的成长路径，还可以帮助学生了解自己的进步和不足，以及思考自己接下来的目标和计划，有利于激发和促进学生发展。

（2）追求评价的公平性

兴趣是学习的先导。例如，在教学时，如果学生能准确地回答问题，教师的赞美将是一种极大的鼓励，会激励他们更加努力地学习。在评价过程中，教师应鼓励学生以多种方式表达自己，增加他们的自信心。学生的作业、行为模式和学习情绪等应该通过积极有效的自我比较、自我反思、自我动机等进行评价。学生接受和喜欢的评价，本质上是学生对教师的最大认可。

在整个评价教育的环节中，教师要力求科学、准确地将最终评价考核结果直接反馈给学生，让所有学生及时认清自己真正的长处和短处，从而更全面、更理性、更客观公正地提升自己，追求人生更进一步地持续发展。学生平时的课堂学习时间可以尽量通过多种组织方式灵活调整，例如，团队成员之间进行自主对话讨论，让学生学会认真回顾、反思、评价课堂学习活动过程，调整学习和积极改进学习计划，学习能力很快就能得到有效提高。

（3）完善形成性评价体系

在形成性评价系统中使用反馈可以有效改善学习效果，但仅靠反馈并不那么有效，因为反馈就相当于将深度学习的责任和进一步改进转移给学生。形成性评价包括三个阶段：前馈—反馈—后馈。前馈帮助学生了解他们的学习目标并知道如何评价自己；反馈让学生了解自己的优点、弱点以及他们的表现；后馈进一步指导学生如何在此基础上进行构建和改进，以便清楚了解下一步该往哪里走。只有这三个部分在形成性评价体系中并存，才能有效促进学生学习。

进行前馈。作为形成性评价系统的重要组成部分，前馈要回答“去哪里”这个问题。它主要包括三个部分：明确的目的、动机和目标设定。学生必须首先了解每节课的目的以及为什么这些知识、目标、信息是重要和适当的。当目标一致并且学生受到激励时，形成性评价系统就会起作用。

进行反馈。越来越多的例子表明，反馈越快越好。反馈与学生的表现密切相关时，反馈会更有效。反馈应该是具体的，通过反馈指出学生做得好的地方和需要改进的地方，学生便可以做出有效的调整。反馈应该是可以理解的，只有当学生理解反馈内容时，反馈才有效。反馈的意义在于学生可以通过反馈的内容进行自我调整，缩小与目标的差距，这样教师提供的反馈才具有实际意义。

在形成性评价系统中，学生可以通过反馈了解他们当前的知识状态。然而，仅靠反馈是不足以促进理解的，需要教师进一步地指导。没有额外指导的反馈有助于激励学生，但会削弱他们的学习热情。反馈是个性化的，是根据学生的需求量身定制的，这一点非常重要。

教学过程的一个重要部分是检查学生的理解程度，检查理解应该与指令同时进行，而不是在给出指令之后。一旦目标达成一致并开始上课，教师必须不断确保学生理解目标并帮助他们朝着目标前进。这种反馈策略尤为重要，在设计教学活动时，教师应考虑如何将学生的理解形象化，以便为下一阶段的教学提供有力的证据。教师应在反馈后提供指导和建议，但教师不应直接说出答案，应引导学生循序渐进地思考，并以提问的方式引导学生走向正确的方向，并在需要时给予鼓励。形成性评价体系中的每个环节对教学目标的实现都起着重要作用，教学目标也是形成性评价体系的重要组成部分。

进行后馈。后馈分为四个层次，每个层次都针对特定的内容，但后馈的层次应该与有效的教育目标保持一致。第一级后馈是对学习作业的后馈或纠正性后馈，这是教师最常用的后馈类型，对纠正错误最有用；第二级后馈是对学生认知过程的后馈；第三级后馈是与学生自我评价和自我管理相关的自我调节后馈；第四级后馈是关于个人的自我评价，并关注学生本人。

（4）使用多样化的形成性评价方法

教师应根据自己课堂上的学生反馈和作业本上表现出来的情况，及时调整教案。教师在讲课前要做到时刻坚持“把课堂还给学生”的课堂教育原则，让学生自己去完成，并成为整个课堂的实际参与者。教师还要教会学生善于自我解决及综合分析，使每位学生最终能够从中学会将自身所学专业知识应用于思考和解决一些现实生活问题，对自己一生的职业生涯进行负责，成为另一种自主专业知识学习者和评价者。

使用自我评价。自我评价的方法其实有很多，可以用于激励学生主动完成学习进度，激发他们自己去独立思考，激励他们深入了解当前需要完成的具体学习目标情况和需要继续改进的地方。自我评价可以迅速改善学生积极的生活情感态度，引导学生产生学习动机，激发出学生强大的个体自信心，是实现终身教育价值的重要前提。

使用同学评价。同学评价法作为形成性评价系统的主要关系评价方法之一，具有十分重要且深远的学术意义。形成性学习评价体系中的同学资源评价体系是指关于学生支持同学学习，同时允许其他学生进行相互学习活动的评价资源。在同伴资源评价中，学生通过发现自己的弱点，相互帮助，评价同伴的长处和短处。但是，教师在同伴评价中的作用不容小觑，他们应该在评价者的表现中发挥领导作用，并及时提供反馈。

使用教师评价。教师评价在传统评价中占据绝对主导地位，但在形成性评价中，每一步都需渗透到师生互动中。学生自身的自我评价过程和社会相互评价同样离不开教师的综合评价，教师评价的作用在于促进学生主动学习，但一般不应完全采用单一的教师评价方式，而应注意与每个学生一起提供支持、协作。教师可以直接通过在作业上的解答情况、课堂上的提问情况和建立学生学习成绩档案来进行评价。

（5）保护学生的自尊心，树立其学习信心

如果教师经常指责学生，学生表面上可能不会表现出什么，但实际上教师可能已经扼杀了学生的自尊心和学习能力。在课堂上，学生不一定能很好地表达自己，如果教师在这个时候对学生进行形成性评价，鼓励他，那么即使他犯了错误也会带着希望的微笑积极回应教师。相信教师这种鼓励学生学习、容忍错误、默默评价的思想，不仅会激发学生学习的兴趣，还会对学生的自尊心起到保护作用。

（6）构建逐步释放责任的教育框架

逐步释放责任的教育框架包括五个部分：目标设定、教师示范、监督培训、有效的小组工作和独立工作。

进行目标设定。教师在备课时都会设定教学目标，但并非所有学生都知道这一点。笔者认为，在课程开始时告知学生学习目标是非常有必要的。

开展教师示范。在学校，学生不仅要学习知识，还要学习如何思考、提问和反思。学生需要教师为他们的思维过程建模，以便自己可以逐步开展自主学习。教师示范的重要性在于思想是无形的，让学生一步一步地了解教师是如何解决问题的。教师还要教会学生善于自我解决及综合分析，使每位学生最终能够从中学会将其自身所学专业知识应用于思考和解决一些现实生活中的问题。

设置顾问机制。督导从询问、鼓励、解决三个方面进行。问题是用来检查学生的理解情况，当学生理解得不正确时，要鼓励学生思考。当鼓励不起作用时，教师应提供一些线索，学生利用给定的线索来解决问题。

开展高效的小组作业。小组合作学习是必不可少的，小组合作可以更好地整合和应用所学知识。此外，小组合作中最重要的是让每个小组成员承担责任，并通过小组成员之间的相互合作进一步加深对目标语言和技术的理解。

引导学生进行独立学习。教育的最终目标是培养能够独立思考的终身学习者，因此，每节课都应该为学生提供独立应用所学知识的机会。一项有效的独立任务应具有及时性，当教师给学生一个独立的任务时，他们必须在一定程度上成功地完成给定的学习内容，并具备独立完成任务的能力。

打造高效课堂是每一位教师的目标，持续的研究、教学和学习也是每一位教师的使命。形成性评价对课堂教学具有广泛的意义，值得所有教师深入研究。研究和开发有效的评价模型是所有教师的职责和责任。

第二节　智慧教育教学评价的原则

当前，高校教学的主流精神在于以学生为本，即以学生作为主体，通过将学生的学习积极性调动起来，促进学生的主动学习，进而推进学生的和谐全面发展。具体而言，高校教学评价需要注意如下几个层面。

一、主体性原则

高校教学长期存在“费时低效”的情况，其根本原因在于高校教学过分重视教授，而忽视了学习，对于标准化与一体化教学过分看重，未重视学生的个体化差异。

在新时代，高校教学需要考虑学生的情感与认知因素，允许学生对自己的学习内容进行自行选择，可能全部承担或者部分承担自身学习的前期准备、实际学习以及学习效果监控与评价等责任，让学生在学习与评价过程中形成一种监控意识。

二、交互性原则

每一名学生都是一个完整的整体，教师与学生的工作目标是不同的，但是彼此之间也不是孤立的状态。教师和学生都是社会互动中的一部分，并且只有融入整个社会体系中，才能将各自的效能发挥出来。高校学习本身属于一种社会性活动，对高校教学模式的探索必然与教师与学生相关，并且师生之间的互动也是高校课程的核心。师生互动对教学活动的质量起着决定性的作用，并且师生之间的交互模式也对他们各自的角色起着决定性的作用。在这期间，学生从被动的听课角色变成学习活动的计划者、对自己学习过程的调控者、对自己学习结果的评价者的身份。教师的角色也发生了改变，从之前知识的播种者转变成课堂活动的组织者、教学活动的研究者、学生学习的指导者的身份。

三、情感性原则

学习不仅是一个语言认知的过程，还是一个情感交流的过程。当师生围绕着教材展开教学活动的时候，教师、教材与学生之间不仅是在传递信息，还是在交流情感。

在高校课程发展中，培养积极的情感是非常重要的。在新时代的高校教学改革中，情感、态度、价值观需要引起教师与其他学者的关注。学生对学习的情感不仅能够激发学生学习的兴趣，还能够感受到学习的快乐，是一种丰富的内心体验过程。

第三节　智慧教育教学评价的多元化手段

一、动态评价

动态评价源自社会文化理论，主要对学生的最近发展区予以关注，强调通过对学生学习方面的变化情况进行观察和记录，对学生认知能力的变化过程进行了解。

一般认为，评价者通过与学生展开互动，对学生的认知过程与变化情况加以了解，从而探究学生潜在的能力，提供给学生恰当的干预手段，促进学生的全面进步与发展。因此，有人将动态评价称为“学习潜能评价”。

与传统的评价手段相比，动态评价不仅可以将学生的实际水平反映出来，而且在评价中，教师可以发现学生学习中存在的问题，对这些问题进行干预，保证教师的教学效率与学生的学习水平。

不同学者对动态评价研究的视角不同，得出了不同的评价模式，归结起来，主要有如下两种：一种是干预式，即对量化指标非常侧重，教师提供的帮助是预先设计好的；一种是互动式的，即对定性指标非常侧重，教师提供的帮助是师生之间展开互动。只有将两种评价手段结合起来，才能使动态评价发挥出应有的作用。

二、多元智能理论与多元评价的应用

多元智力理论是哈佛大学教授加德纳在他的著作《智力的结构》一书中所提出的，加德纳认为智力并非只有一种单一的类型，而是多种智力类型的有机统一，人们在学习生活中所呈现出来的智力类型是多元化的。

人的智力具有个体差异性，这种差异不仅体现在个体之间，也体现在个体内部。同时，人的智力也并不是固定不变的，而是处于不断发展变化的过程中。多元智力理论自传入中国之后，便引起了教育界的广泛关注，探索该理论与各学科融合发展的研究层出不穷。多元智力理论对于教学评价的优化有着重要的参考价值，因此，有必要对其展开深入的探讨。

（一）多元智力理论与多元评价

加德纳的多元智力理论被提出之前，学校通常只注重学生“读”和“写”这两方面能力的培养，但这两种能力显然无法体现出人类全部的智能，因此，加德纳的多元智力理论是一种全新的智力结构理论，并且对以往的智力评价模式产生了严重的冲击。

在多元智力理论中，加德纳认为如果只是将人类的智力局限于逻辑与语言这两点是十分片面的，难以将一个人真正的智力水平展示出来。相反，人类的智力构成应该是多元化和综合性的。多元智力理论认为，人的智力主要包括八种基本智能，它们之间彼此独立，又相互统一。同时，多元化智力理论主要强调以下几点。

一是每个人都具备这八种智能，但它们在每个人身上的组合类型、呈现方式各不相同，这也使每个人的智力类型都是独一无二的。

也强调每一个学生的智力构成都是独一无二的，每一个学生的智力构成都有强弱项，因此，教师应该树立多元化的评价理念。

构建多元智力理论下教学评价体系是为了激发学生各方面的潜能，并让他们认识到自己的强项弱项，这样可以使他们更加客观地认识自我，从而更好地发展自我。同时，教师还可以通过多元评价积极鼓励学生去发展自己的智力强项，并将智力强项中所展现出来的品质与特点迁移到智力弱项中，以强项带动弱项，从而使学生各方面的智力得到均衡发展，这样才能促进学生的全面发展。

总之，多元化的评价理念应该以学生的全面发展为中心，突出教学评价的整体性，将教学评价和学生各方面素养的提升联系在一起，从而更好地促进学生综合素养的提升。

2.评价内容多元化

智力因素的评价并非教学评价的唯一评价内容，教师在评价过程中应该设定多元化的评价内容，通过多方面的考察评价，给予学生展示自我的机会，鼓励他们扬长避短，这样才能更好地促进综合素养的提升。

3.评价主体多元化

多元智力理论下的教学评价主体不但强调教师的评价，而且强调学生以及家长的评价，倡导评价主体的多元化，鼓励各评价主体之间相互沟通合作。这样既能够使学生由被动的评价对象转变为主动的评价主体，也能够使教师从评价的权威转变为评价的组织者与辅助者，使家长从评价的旁观者转变为评价的参与者。因此，应该积极采用多元化评价主体的评价模式。具体而言，评价主体的多元化主要体现为以下几种形式。

一是学生自评。通过学生自评可以提升学生的自我反思能力，还可以让他们养成勤于思考的好习惯，并逐步使学生成为一个善于自省、能够自主学习的人，为他们的终身学习奠定基础。不仅如此，通过学生自评，教师可以发现学生在学习中的需求与态度，这样有利于教师在以后的工作中更好地优化完善课堂教学。

二是学生互评。学生互评不仅可以使学生参与到评价活动中，还能够提升他们的沟通与协调能力。同时，在学生互评过程中，学生之间还可以学会相互尊重和相互欣赏，懂得在相互协作过程中去学习对方的优点，这对于培养学生的自我学习能力大有裨益。

三是家长参与评价。家长参与到评价的过程中可以使评价的价值得到极大的提升。由于家长处在旁观者的位置上，对于学生情况的观察会更加客观，因此家长的评价会更具有参考价值，同时也能够更有针对性地协助教师完成教育教学工作。

4.评价方式多元化

教师可以利用问卷调查的评价方式。在问卷调查过程中，学生可以将一些不便在老师面前讲的事情写下来，这种评价方式会发挥出意想不到的作用。另外，还可以采用学习档案袋的评价方式，教师通过查阅学生的学习档案袋，可以对他们的学习情况有一个整体的了解，这样能够从更加宏观的角度去评价他们，评价的效果才能够达到最大化。

5.评价标准多元化

多元智力理论下的教学评价应该打破传统评价中“一刀切”的做法，采用更为多样化的评价标准，用不同的标准去评价学生。素质教育所倡导的全面发展并不是平均发展，每个学生的资质各不相同，单一的评价标准难以满足现代教育的发展要求，不利于学生多元化发展。因此，多元智力理论下教学评价应该采用多元化的评价标准。例如，在面对那些学习成绩优异的学生时，教师可以采用“常规参照评价”，通过这种评价标准，让学生找到自身的不足，并向着更高的目标迈进；对于那些成绩处于中间层的学生而言，可以采用“目标参照评价”，通过这种方式让他们意识到自己和目标之间的差距，然后向着参照目标努力；对于那些学困生，可以采用“自我参照评价”，当这些学生相较于之前的自己有进步时，教师就应该给予及时的鼓励，激励他们在以后的学习中再接再厉。因此，在教学中，教师应该结合学生的具体情况，设置多元化的评价标准，使每个学生都可以得到不同程度的提升。

基于多元智力理论下的教学评价模式不仅可以使学生的能力素养得到综合评价，还能够促进他们综合素养的全面提升。在这一过程中，教师也能够获得有关教学方面的各种信息，这对于教师总结反思自己的教学工作大有裨益，有利于教师专业素养的不断提升。此外，基于多元智力理论下的教学评价模式也可以使学校了解到自身管理方面的不足，能够帮助学校更好地完善各项教学管理工作。总之，多元智力理论下的教学评价对于学生的学习成长、教师能力的提升以及学校教学管理工作的完善都具有积极的影响，因此，在以后的教育教学过程中应该积极推广和倡导。

第八章　教育信息化视域下智慧教育的教师职业能力发展

当前，教师的职业能力发展问题成为研究的重点。教师职业能力发展是以教师的个人成长为根本的，其目标是专业领域知识的明显增加，以教师的知识、技能、信念、态度、情感等其他专业素质提高为内容的，是一个终身的、持续不断的动态过程。当前，教师承担着教育教学、科学研究以及社会服务三大使命。在智慧教育时代，教师如何有效提高自身的专业素质与教学能力，从而真正实现自身的专业能力提升，将依赖于广大教师及其相关研究者的积极探索、归纳、总结，进而将理论与实践相结合，共同服务于教育工作。也就是说，教师的职业素养决定着智慧教育的实施进程和落实效果，是教师核心竞争力的一大重要体现。为顺应智慧教育时代的发展，教师应该不断提升自身的信息素养与能力，将自己的教学体系与新时代信息技术深度融合，形成具有新时代教育特色的教育思想观念，主动适应智慧教育对教师的新要求，使智慧教育的发展更上一个新台阶。

第一节　教师职业能力概述

一、教师职业

教师是一种特殊的职业，是教师通过自己的专业知识和技能履行教育教学职责，维护学生的利益，使学生成为成长发展过程中的一种专业职业。教师的社会地位和文明程度有关系，与自身的专业知识和技能以及教学能力都有直接联系。在我国《教育法》中对教师职业进行了法律界定，教师要具备规定的学历要求，具有相应的知识结构，符合与职业相称的相关规定。教师职业的职责就是教育教学，和其他人员不同，如行政管理人员、教学辅助人员等，他们没有从事教学工作，没有履行教学职责，就不能成为教师。

二、教师职业专业化

（一）教师职业专业化的内涵

“专业”直接看字面意思就是专门从事某种学业或职业，从社会学角度看，专业就是受过专业教育或训练，具备高度的专门知识和技能，按照一定专业标准进行专门化的处理活动，有别于其他普通的职业，解决人生和社会问题，促进社会发展，获得相应报酬待遇和社会地位的专门职业。专业是一种社会分工、职业分化的结果，社会分化的一种表现形式，人类认识自然和社会发展达到一定程度后就会出现专业。

教师所从事的教育教学工作对从业者的要求比较高，具有独特的专门知识、技能和修养，教育教学活动是比较复杂的一项培养人发展的职业，要求从业者要具备比一般人更加丰富的、全面的、多样的学科知识，作为提供教育教学的原材料，同时还要掌握普通大众不需要或者不用系统了解的教育教学知识、技能和教育教学规律。

教师专业需要教师能够认识学习规律、社会发展的规律，掌握各种主客观教育教学条件的知识，利用知识和规律编写教学内容，组织教育教学活动的技能。如果不具备这些知识和技能，很难胜任教师的工作。

（二）教师职业专业化的意义

1.提高教师的专业知识与专业技能

在当代社会中，由于高等教育课程和教育教学知识的大幅度扩充，在教育教学改革的过程中，教师不但要对社会和时代的变迁作出相应的调整，同时也要面对因知识的迅速增长而带来的一系列问题。在这种情况下，教师就必须不断地充实自己的专业知识，提高自身的专业能力。教师必须对与日俱增的专业知识进行必要的了解和应用，以确保教育教学工作的顺利进行以及高等教育的高质量发展。

2.满足教师自我革新的需求

在当前阶段下，教师就职以前一般都会进行一定的职前培训。但是，由于知识的日新月异，社会的急剧变化，科技的迅速发展，社会对高校教师的角色有了更多更新的期待和要求。因此，职前教育难以满足高校教师所有的工作需要，教师必须不断地进步，提高自身的专业发展水平，才能更好地适应社会对其提出的各项新要求。

总的来说，当代教师已经从知识的“传授者”转变为知识的“开发者”“研究者”，教师专业发展正可以满足教师职业生涯发展的客观需求。

3.提升教师的教育品质

我国要发展高质量的高等教育事业，就必须要实现教师专业发展，这是发展优质高等教育的一条重要途径。教师通过自身的专业发展，可以提高专业能力，进而实现教师专业化。

第二节 智慧教育中教师职业能力发展的取向

一、实践智慧取向

教师实践智慧的形成并不是一蹴而就的，而是一个渐进的累积过程，其提出的要求和条件较高，比如，教师在需要具有广博的学科专业知识和深厚的教育理论的同时，还要有强烈的自我意识和不懈的合作精神，在教育实践中“求知、反思、合作”，不断丰富自身的实践智慧，从而对自身的专业发展起到积极的促进作用。

（一）求知——教师实践智慧形成的基础

教师对理论知识和实践性知识的探求和掌握，就是所谓的“求知”。知识与智慧之间并不是等同的关系，但是，这并不妨碍知识与智慧紧密相连的关系。具体来说，知识是智慧的基础，智慧是知识的最高形式，这能够从“知而达智，智达高远”中将知识与智慧的关系充分表达出来。教师实践智慧的生成与各种知识的积累是有着不可分离的密切关系的。因此可以说，要想使实践智慧得到有效提升，教师需学习和掌握广博的科学文化知识、系统的学科专业知识、坚实的教学专业知识和实践性知识，其中情境性的实践知识的获得尤为重要。

教师首先对与学生、课堂、学校、社会环境、所教学科、儿童成长理论、学习和社会理论等相关的知识加以学习和掌握，因为这些理论知识只有被每位教师整合成为个人价值观和信念，才能成为教师实践行为的所有知识和洞察力的重要组成部分。从某种意义上来说，所谓的实践性知识，是在特定的社会环境和教育实践环境的背景下，通过教师对自己教育教学经验的反思和提炼所形成的高度经验化、个人化的知识，是实际指导自己的教育教学行为的知识。

（二）反思——教师实践智慧形成的关键

反思所涉及的范围非常广泛，如果具体到教学实践中的反思，就是教师自觉地把自己的教学实践作为认识和研究的对象，对自己的教育理念、知识技能、教学行为等进行重新思考和总结。实际上，教师反思是在实践经验的基础上所进行的反思，是对各种教育实践问题的追问，并通过这种内省和追问唤起自身发展的自我觉知。可以说，这是一个教师不断感知、辨别和顿悟的过程。通过对教学实践的重新审视，教师能够对自身在处理具体教学问题时的不足有一定的认识，会对自己的行动抉择的合理性产生一定的质疑，由此，逐渐将自己的内部世界构建起来，在个体经验之上，实践智慧便生成了。

对于教师实践智慧的形成来说，教师自我实践经验的反思是起到关键影响的。从现代教育理论的角度上来说，自我反思能力是21世纪教师最重要的能力之一，教师只有自觉地把教学实践作为认识和研究的对象，主动从自己的亲身经历中获得感受和提高，才能对其教学活动起到积极的推动作用。

（三）合作——教师实践智慧形成的保证

教学活动中蕴含的关系是非常复杂的，比如学生与客观世界、学生与教师、学生与社会等。这些关系的处理恰当与否，也能够在一定程度上彰显出教师实践智慧的水平。从本质上来说，教学活动就是一种群体合作性实践，是教师指导下学生积极参与学习实践，并在实践中内化知识与能力的交流过程，是人际交往、情景交融的过程。

日本学者佐藤学将学习看作“意义与关系”之重建的实践，并且提出把学习定义为构成客体世界（教育内容的世界）的意义的认知关系、同他者沟通的人际关系、同自身对峙的自我反思关系的三个维度上的主张。将之称为“三位一体论”，即“创造世界——实现世界的建构（认知的文化的实践）”“结交伙伴——人际关系的建构（社会的政治的实践）”与“自我探究——自我内关系的建构（伦理的实存的实践）”。

但需要强调的是，这些关系的处理和教师与他者（学生、同事、社会成员等）的合作是有着不可分割的密切联系的，因为只有在合作的基础上才能开展教育对话，教育主体间的交流和互动才能得以实现，也才能使对教育的新理解更加深刻，从而达成更多的共识，集中更多人的智慧，最终使教育“大智慧”的生成得以保证。

二、专业发展取向

（一）教师专业发展的概念

如欲获得教师专业发展的本质认识，还需要厘清教师专业发展与教师专业化、教师专业素养的结构，教师专业发展的主动性等基础性问题。

第一，教师专业发展与教师专业化。教师工作是一门古老的社会职业，但职业不能等同于专业，因教师职业的特殊性等因素的影响，其专业性地位曾受到多方质疑或争议。由此，20世纪60年代开始，在要求大力提升教师素养的背景下，欧美国家兴起了争取教师专业地位及相应权力和教师专业能力的教师专业化运动，但在运动中由于片面追求教师群体的专业地位及权力却忽视了教师个体关键的教育实践能力的发展，从而导致活动到20世纪80年代前，并未取得实质性进展。20世纪80年代后，各国在加强教育改革中，充分认识到教师在改革中的关键作用，从而对以前忽视教师个体专业发展的做法进行批评和反思，促使教师专业化的目标重心从专业地位与权力的诉求转移到教师专业发展之上，成为教师专业化的方向和主题。教师专业发展来自争取教师职业专业地位运动的经验总结，并成为人们所认可的实现教师职业专业地位的有效途径。由此，在研究中需要注意不能忽视教师专业化这个大前提，来片面强调教师个体的发展。

第二，教师专业素养结构。教师专业发展应朝向哪些内容和目标？如何评价教师专业发展的效果？要解决这些问题，必须清楚教师专业素养的结构问题。

第三，教师专业发展的主动性。从已有研究中关于教师专业发展的概念中，都忽视了教师发展意愿的问题，几乎一致把教师会主动发展作为预设前提。但现实中教师的存在方式是多元化的，主要有“生存型”“享受型”“发展型”。其中，生存型的教师面对生活的各种压力，是否有强烈的意愿关注自身的专业发展呢？由此，在涉及教师专业发展的概念界定时，需要特别注意教师现实的生存方式与生活环境的前置条件，调动发展的主动性。

（二）教师专业发展的特点

1.专业自律：共同发展，专业分享

教师这一职业在专业发展上更容易陷入单打独斗的境地。而教师如果缺乏融入专业集体的自律态度，就易于造成其专业发展中缺少互动对话、分享以及反思，其专业发展中经常充斥着无力感、无意义感。教师专业共同体的建设是促进教师专业自律的有效途径，进而在促进其专业发展中发挥作用。

（1）自觉寻求专业发展中的资源共享。教师这一职业的专业发展比其他任何职业更明显地需要对话和分享。每位教师作为一个独立、独特的个体，都在其独有的学习和工作经历中形成了具有鲜明特色的知识及经验结构。同一门课程的教师，同一个专业研究方向的不同教师，其在教学内容设置、教学方式方法以及科研思路等方面的表现也不尽相同。多样性和差异性本身就是教师专业共同体中一种宝贵的——即使是执教同一学科的教师在教学内容的处理、教学方法的选择、教学情境的创设等许多方面也可以说尽显个人风采。可以说，教师专业共同体中成员的多样性和差异性本身就是一种重要的学习资源。专业共同体系中的资源互补，有利于教师完善其专业能力，促进专业反思。一种互信、互相开放式的交互主体性，促进教师之间的交流互助。这对于教师来说是宝贵的成长资源。专业共同体的深入发展会为教师的专业发展提供良好的资源平台，也会对教师的专业发展产生足够的吸引力，进而促进其自觉寻求更多的资源以满足其自身发展需求。

（2）专业知识结构深化和完善。受到建构主义理论的知识观和学习观影响，对话、协商和分享在个体知识学习和经验成长中扮演着极其重要的角色。教师能够通过互助式的伙伴关系自觉寻求支持与引导，深化和完善自己的专业知识结构。

（3）专业知识与经验分享。在教师专业共同体中，教师获得了与经验教师和专家型教师进行互动的机会。多种通道和互动方式促进了彼此分享各自的想法、观点和信念，进而丰富了教师的知识经验体系。教师专业共同体的建立会让教师在这种互惠互利的氛围中坚定其专业发展决心。

（4）促进教师进行专业反思。教师专业共同体可以通过对话让各种想法和观点进行自由的交流。对话可以让教师以更全面的视角来审视问题。通过对话，教师还可以对自己的观点进行反思，完善理解。教师专业共同体中丰富的对话使教师有机会对个人观点、信念和假设进行反思和修正，在持续的自我更新中形成一种自觉反思式的专业发展。

2.道德自律：自我反思

教师工作是一种特殊的专业劳动，赫尔巴特很早就指出了教育教学活动中的教育性。没有任何一项社会活动能像教学这样和人的道德活动紧密相关。教师的道德自律是指教师能够严格按照职业道德要求，对自身职业形成良好的自我调控，并能自觉履行相应职责。教师的道德自律发起于具有他律特征的各项学校规章制度和社会诉求，形成于自身不断的教学生活中，完善于深入理解教育之后。道德自律一旦形成，就会成为教师自我行为的一种指导原则，影响着教师的教育教学活动和自我道德成长。在专业共同体的建设中应该注意给青年教师提供自我学习、自我锻炼的机会，使教师有机会与有经验同伴进行经验分享，不断自我反思，进而将外在规约内化为自主诉求，构建道德自律。教师道德自律的形成有赖于教师能否正确地认识自我，以及自我与环境之间的关系；有赖于对自我责任、义务的正确认识；有赖于对自我优缺点、自我修养的正确认识。在专业共同体的框架下，教师通过不断的自我反思，以及直接经验和间接经验的获得逐步正确评价、发展自我，形成正确的道德自律。

（三）专业发展的三大取向

由于不同的假设和思想背景，教师专业发展的理智取向、反思取向和生态取向，对教师、专业、专业发展等关键问题上的理解也是不同的，同时，对教师专业发展的实践所产生的启示也有所差别。总的来说，要想使理想的教师专业发展得以实现，需要对以下几个方面加以注意。

首先，从根本上来说，教师专业发展是要在构筑专业活动的可靠“基础”这一目的的指引下进行的，需要强调的是，这个“基础”所包含的内容并不只有理智取向所倡导的“科学知识”，更多的是“获取”或“学习”。

其次，理想的教师专业发展，是离不开教师自己的努力的，尽管向专家和研究文献学习是一个有效的途径，但是，教师自主地、积极地反思与探究，是构成教师专业发展途径的一个重要组成部分，是不能忽略的重要方面。

最后，相较于教师个人的努力来说，以合作为基础的专业发展，对专业的发展的有利影响存在着更甚的可能，大学教师与中小学教师的合作以及教师同事之间的合作基本上都属于这一范畴。

教师专业发展的三种取向，仅仅是一种便于理解的权宜划分，在实践之中，完全按照上述某一种专业发展取向的做法是几乎不存在的。作为一个复杂的过程，“教师专业发展”包含着非常广泛的内容，比如，教师本人的知识（内容知识、教育知识等）与技能的变革，教师更基本的素质（如价值观、内在需要、兴趣及个人经验等）的变化，以及教师所处情境中组织架构、教师文化的变化对教师专业发展的影响都包含其中。

第三节　智慧教育中教师职业能力的新要求

一、教师应不断创新设计理念

（一）注重“以学生为中心”

“以学生为中心”的教育理念已经具备一定的框架结构，其系统具有开放性和发展性，这一教育理念主要强调以下五个要素。

1.倡导学生积极参与，激发学习自主性

在智慧教育背景下，学生必须真正参与课堂，才能构建起一个“以学生为中心”的课堂，促进真正的学习。这一理念鼓励学生在“做”中学，通过“做”积极参与到课堂中，“做”也包括与他人的积极互动。同时也鼓励学生在课堂内外独立学习，独立制定学习策略。学生的积极参与增加了课堂的互动性与课堂参与感，学生能从教师之外的其他学生身上学到知识，从而意识到学习是学生自己的事，激发学生的学习自主性。此外，教师并不是与课堂无关，教师应组织课堂，引导学生思考，以小组讨论、情景模拟、案例分析、角色扮演、探究性学习等丰富的课堂组织形式，积极引导学生自己搜集材料、挖掘学习内容，在课堂互动中发现问题、解决问题。

2.满足学生需求，符合社会发展

学习的最终目的是要满足学生的个性化需求，包括情感需求和社会需求。学生学习的内容不再完完全全由教师决定，而是取决于学生的需求。因此，在某种程度上，学习是由学生自己决定的。教师要聆听学生的意见，了解学生对教与学的需求，帮助学生制订合理的学习计划，激发学生的学习潜能和积极性。同时学习的内容也应与社会对人才的需求对接。因此“以学生为中心”的课堂不是机械单调的，而是要建立一个多元立体的课堂，满足不同学生多层次的学习需求。

（二）推进分层建设

近年来，各高校的发展规模不断扩大，招生人数逐年增加，基于生源质量来源的多样性和参差性，教学改革迫在眉睫。

1.坚定学科定位和发展方向，有序推进分层建设

坚持以新课标作为指导学科分层建设之根本，在推进学科分层建设过程中，始终体现“因材施教，多层共育”特色。例如，教师可以提前根据学生入学成绩，在一定程度上了解他们的学习能力水平，以“基础层教学班”（B层）和“提高层教学班”（A层）的形式分层组班，各层依据不同评价考核难度，采用不同难度的教材，由相关教师施教授课，达到各层相应教学目标。

2.强化教师教学科研能力和学历提升

（1）强化教师教学、科研以及竞赛能力，促进分层教学育人质量提升

在实施分层教学的过程中，教师应通过阶段性教学总结反思，积累实践经验和改进措施，持续提升改进课堂教学质量；同时还应注重培养，常态化鼓励、组织教师积极参加各级别的教学能力比赛，将收获经验融入教学。同时教师更应注重自身科研能力提升，即通过论文撰写、课题申报等，有效形成学科分层教学理论成果；一方面，分层理论成果能科学指导教师有效开展学科分层教学，另一方面，积累的教学经验又进一步丰富分层理论成果，使其更加成熟，促进学科分层教学育人质量提升。

（2）积极促进学科分层建设相关理论成果转化，助力地方产业经济发展

分层建设的目的是促进学生学科核心素养的发展，为国家社会培养高素质技术技能人才。所以，分层建设工作相关的教学科研理论研究成果，也应体现外延性、辐射性特点。教师通过灵活运用学科优势和分层建设相关理论实践成果，以对社会人员进行培训服务，对地区相关单位提供翻译与交流服务等方式，实现分层建设理论成果转化，有效助力地方产业经济发展振兴。

（三）应用数字化教学资源

课程资源包含教材和其他能够提高学生综合技能的学习材料和教学设施。尽管教材是教学资源的主要部分和教学的主要依据，其内容却有限且基本不变，与时代接轨不足。所以，教学在合理利用课本教材之外，还要充分开发新的多元化教学资源，以促进学生素养的提升。

随着新课程标准的提出，教师应该充分发挥现代科技作用，开发多种教学资源，拓展学生学习途径，优化教学方式，促进学生能力提升。数字化课程资源具有信息量大、知识更新快、易于交流沟通、不受时空限制、展示形式丰富多彩等优势，有利于为教学提供良好的支撑，因此教学中数字化课程资源开发具有必要性。

众所周知，数字化教学资源的建设有利于提升数字教材的作用，促进数字化教学实现，并促使资源得到更好地共享与交流，且在各个平台间得到科学合理的利用。[①]同时，由于数字化教学资源的建设标准有利于推动数字化教学资源的合理配置，并有效推动数字课程在学生间实现共享和跨平台运用，进而拓宽其应用范围，增强数字教学资源的竞争力，因此教师要主动参加国家相关部门或社会组织开展的各项活动，深入探索数字化教学资源的建设标准，仔细研究教学资源的开发状况，并严格遵守相关资源建设标准，进而有效推动数字化教学资源的建设。

二、提升教师的信息化教学能力

（一）教师信息化教学能力提升的意义

信息化教学能力就是教师在现代教育理论的指导下，通过运用现代信息技术开展课堂教学，完成一定的教学任务和教学内容的能力。它需要教师不断创新教

① 兰梅，彭莉娟.大数据技术背景下数字化商务教学模式探讨——评《“互联网+”时代商务教学模式研究》[J].教育发展研究，2022，42（18）：85.

维导图以及词云图制作等软件并制作出精美、内容清晰以及图文并茂的课件。结合场所需求，合理设置有趣生动的动画、视频背景与图片背景、设计背景音乐与动画，为微课、PPT 课件增色，从而提高学生学习兴趣和教学效果。

第二，提升教师的培训参与度。教师应该主动参加信息化学习与培训活动，对现代教学和传统教学方式进行有机结合，对自身教学成果、水平和信息化教学进行评估，进而充分优化教学质量。

第三，创新信息化教学模式。当前互联网技术快速发展，教师作为学生在学习活动中的引导者，应该主动学习、掌握前沿知识，刻苦钻研，转变教育教学理念。在信息化能力方面，不仅需要掌握基本技能，同时还应该进行充分创新以及突破，促使信息技术变为教学的关键技能。

综上所述，希望在教育部门和教师的共同努力下，不断提升教师的信息化教学能力，推动教育进一步发展。

第四节　智慧教育中教师职业能力发展的评价机制

一、教师专业能力评价模式

通常而言，教师的专业能力并非一蹴而就的，而是在从事教育事业过程中逐步形成并通过教学方式展现出来的特定能力，关乎着教学的质量，极具职业性的特点，其中，最直接的教师发展体现就是教学情境中的行为表现。教师专业能力的评价模式已是高等教育持续、稳定发展的必然趋势。

当前教师在专业发展方面存在的问题和困境主要表现在教学任务繁重，留给教师思考专业发展的时间和空间少。教师科研压力较大，能够获取的研究前沿信息和学术训练十分有限。此外教师之间缺少互动，难以形成教学与科研的学术共同体，导致学科团队建设乏力等现象，不利于教师的专业化发展。亟待行之有效的教师专业能力标准和评价模式，帮助教师及时转变思路，对照标准，找出自身专业能力的短板，促进专业化发展。

（一）构建教师职业能力评价模式的必要性

2020年，相关教育评价改革方案中指出教学评价需要进行改革与完善，并且需要采用不同学科、不同岗位特点的方式进行综合性的分类评价。评价是教与学过程的基本组成部分。利益相关者不同，其评估的目的及看法也就不同，尤其是教师的看法最为重要。教学方法的成功与否和学习效果的好坏可以通过评价结果直接体现。文化信仰直接影响教师的评估态度和看法。就教师来看，对教师能力进行合理的评价，不但可以满足高等教育向国际化发展的需求，还能高效地促进教师的专业发展，加大高校教师团队建设。

1.促进教师的专业化发展

构建教师职业能力评价模式是促进教师专业发展的内在驱动力，针对教师的评价模式一改以往单一的评价模式，是教师评价在维度设计上更丰富化和具体化的表现。针对教师评价模式的应用意味着在进行教师评价时要从教师的实际出发，实事求是，制定符合教师实际工作特点与专业能力构成的具体评价方式，以更加全面的评价制度对教师进行评价。因此，无论是从评价理念的构建，还是从评价方式的具体运用来看，都有助于促进教师的专业发展。

2.加大高校师资团队建设

教师在专业能力、学院结构、自主教学能力等方面有其固有的特点。构建和完善教师职业能力评价模式有助于教师队伍的建设和发展，进一步促进教师对自身教学能力、科研能力和服务社会能力的提升，通过对照标准和评价指标，完善专业能力结构，清晰自我认识，以评促学，以评促教，在教师当中形成客观公正的自评和他评的评价体系和良好的工作氛围，促进教师队伍的整体发展。

（二）教师职业能力的组成部分与评价模式的构建

1.教师职业能力的内涵

教师职业能力通常是指老师具备系统化的专业知识、全面的教学能力、终身学习能力、内在修养、职业素质及在教学中的科研应用能力等综合性能力。近年来，随着教育体制的不断改革，对教师的专业技能要求也越来高，专业的技能有利于教学质量的提升，所以，教师职业能力是促进自身专业持续发展的内在动力。

2.教师职业能力评价的指标体系

不同的指标评价体系包含着不同的理念思想及评价效果。现阶段，教师专业的评价体系构建，关键在于对人才质量上的培养、课程编制、教学设计等过程，在指标体系构建过程中，主要从老师是否掌握先进的理念、最优的教学结构及质量、是否可持续发展等几方面概括，最终提供行为上的教学指导。从教师职业能力的智能结构来看，需要具备先进的技术、职业素养、专业知识，才能使教学结构整体优化，发挥最大优势；从融合知识的能力来看，需要老师构建出复合型的知识体系，对教学知识进行延展；同时教师需要定期进行专业培训，不断增强自我学习能力，加强与外界同行之间的联系，确保自身能力的可持续发展。

3.教师职业能力评价的基本原则

为了公平、合理地评价教师职业能力，需要从多元化、发展性、差异性、全面性综合考虑进行评估，具体分析如下：

（1）多元化原则

评价教师职业能力需要转变传统的以衡量能力及学生成绩为标准的终结性评价方式，以多元化的原则公正、合理地评价教师的专业能力，可以细分为：教师专业资格、实习过程、实践教学能力、教学课程质量。综合性地进行专业能力评价，有助于提升老师的积极参与感和反思意识，促进老师不断创新、学习专业知识，强化自身专业技能。

（2）发展性原则

教师的专业能力是否具有可持续发展性是评价的重要原则。以可持续发展为前提，坚持以人为本，开展教师的专业技能培训、教学创新工作，能够不断增强教师的专业能力。此外，教师需要不断发展与同行、外界之间的交流互动，在交流互动中实现自身价值的增长。

（3）差异性原则

由于教师资质不同，评价教师职业能力也不能以偏概全，需要尊重教师之间的能力差异化，进行专业能力评价，避免出现仅仅把成绩考核作为单一评价标准的功利主义价值倾向，真正实现对教师公平、合理的评价标准。

（4）全面性原则

对教师职业能力的评价需要根据教师的未来职业发展方向、教学质量、个人价值、参与意识等全面性地开展，有利于促进教师与同事、外界间的交流评价，充分调动教师的积极性和参与感，加大渠道交流，有利于实现个人价值和专业能力的增值，使评价更加公平、合理、真实。在此过程中，需要注重评价的长期目标，使教师在全面了解自身评价的基础上实现自我改进和创新。

（三）教师职业能力评价模式的实施策略

1.教师自评

教师可以根据自身的实践能力、教师资质、课堂教学质量、学生成绩成效等综合性的个人表现进行系统、客观的评价并进行自我反思总结，有助于教师及时发现自身教学问题并及时改正，对自身的教学模式不断实现优化、创新。具体可从教案检查、课堂记录、成绩总结等方面进行评价，确保事实依据为前提，关注评价目的，客观对待专业能力评价，对现有问题进行改进和提升，不断加强、优化自身的专业技能。

2.同行评价

同行评价专业能力也是一种客观的体现。在具体教学过程中，教师也可以搜集其他教师或者同领域的老师的评价信息进行总结分析。有效的客观评价取决于信任，教师在各种实践培训、学习中，加大与同行间的交流与合作，除了获得同行的评价之外，也能在合作实践中加强对自身的整合与反思，正确认知自己的知识结构和教学质量，以评价促进教学，在评价中获得成长。

3.学生评价

为了促进专业能力的提升和优化，可以从多方面进行评价和反馈工作。学生是最直接、客观的评价首选，可以根据课堂氛围、教学质量、方式布置作业工作量的大小、各种优缺点等进行综合性地设计评价报告，让学生客观性地填写，给予最真实的评价反馈，以便教师能够针对问题进行改进和提升。例如，在评价报告中，学生评价作业量大的占比较高，老师可以结合实际情况，适当改进；如果评价课堂枯燥、乏味的学生占比较高，客观对待，注重课堂中趣味性的氛围营造，不断优化提升和调整，有利于教师职业能力的提升和发展。

总的来说，教师的专业能力评价可以最大限度地发挥教学潜能，提高教学质量，以多元化、发展性、差异性、全面性为基本原则，对专业能力客观、合理评价，有利于促进教师自身专业的持续发展，加大高校教师团队的建设力度，促进高等教育的国际化发展。

二、实施发展性教师评价

（一）教师发展性评价的实施程序

1.确定教师评价标准

在对教师专业发展进行评价时，首先需要确定标准。这一标准的建立应该尊重教师，可以通过问卷、座谈等形式，对教师的教学意见、工作情况加以征集，鼓励教师谈谈自己的看法，这样才能更好地制订教师评价标准。

2.制订评价指标体系

评价指标体系是教师评价标准的具体体现。所谓评价指标体系，反映的是教师的评价标准，是一切评价指标的集合。

在制订评价指标体系的时候，可以进行逐层分解，这样才能使评价指标体系更加精细。

3.确定打分标准

教师评价标准主要包含两种：一种是绝对评价标准，一种是相对评价标准。前者是要求评价者直接给出分数，通过采用五分制或者百分制对其进行打分；后者是要求评价者在不同等级中做出选择，一般来说等级有五种：很好、较好、一般、不好、非常不好，当然，为了便于操作，可以赋予相应的分值。

4.制作评价表

评价表应包括评价对象（执教教师）的姓名、评价者姓名、科目、时间、评价指标、打分标准、权重系数等内容。

（二）教师发展性评价的策略

1.转变评价的思想观念

发展性教师评价制度的形成，需要一定的社会文化基础，如现代化的教师评价观念、教师合作文化、民主氛围等。只有学校领导转变思想观念，认识到发展性教师评价的重要意义，调动教育力量、协调各方面的关系，才能真正实现发展性教师评价在教师专业发展中的重要作用。

2.体现教师评价的学术标准

要实现这一要求，应该做到以下几点。

第一，学校应该着力构建具有学术性的发展性教师评价制度。建立发展性评价制度，将发展性教师评价纳入制度建设的轨道；重视评价过程的民主化，强调学术自由，避免过多的约束。

第二，建立科学有效的奖惩评价机制。发展性教师评价与奖惩性教师评价应该相互结合，更好地促进教师专业发展。

第三，构建职责分明的三级评价体系。

3.建立适应性教师评价指标体系

教育教学活动的复杂性和评价参与者的复杂性，决定了教师评价标准指标体系的多层次、多维度和灵活性。为此，在对教师进行发展性评价时，重视评价者与被评价者之间的对话，在协商的基础上达成一定的共识，重视评价指标的构建性意义，从而使评价的结果更具有客观性，使被评价者获得正确的反馈信息，实现我身的不断改进和完善。

4.重视教师评价理论的培训

对教师进行评价是一项专业性非常强的工作，它对评价的观念、知识、技术有较高的要求。为此，高校应该将对教育教学评价相关理论的普及和能力的培养纳入教师培养方案中，建立针对不同评价主体的评价自治标准和要求。

5.提供必要的评价物质基础

高校发展性教师评价的制度、组织机构、规章制度、人才队伍、评价标准等的制定和实施，需要投入一定的时间和人力、物力，并且工作具有长期性。为保证评价工作的顺利进行，需要在教育教学经费划拨中纳入这一内容。

三、创新模式——构建电子档案袋

教师电子档案袋综合评价法是以网络为载体，依托计算机技术与网络平台，通过使用多媒体技术展示教师的个人专业发展状况，并通过教师在制作电子档案袋过程中对自己的教科研实践与专业发展进行反思与分析，实现教师主动参与、自我反思、自主发展的综合评价方法。

以网络为载体的电子档案袋综合评价法能够记录教师学习共同体的发展轨迹，是教师进行反思的重要方法和途径，能够推进教师进行自我激励，不断促进专业能力和专业意识的提升，同时为教师共同体的构建提供一个更为开放的平台。通过设置内容模块、制订电子档案袋的操作流程与创建教师学习共同体电子档案袋评价的网络平台，实施教师电子档案袋综合评价。教师电子档案袋评价主要包括表8-1中的内容模块。

表8-1 教师电子档案袋评价的内容模块

内容模块	具体信息
个人基本信息	姓名、性别、年龄、民族、职称教育背景、工作经历、研究方向等
个人学习情况	学习计划与总结、学习资源、研修或培训经历、读书笔记等
教学文档材料	教案、课件、教学日志、教学视频、教学计划与总结、学生作业与成果、学生试卷与评价材料等
教科研业绩	在教科研上所获得的奖励、荣誉、成果等
教科研材料	教科研项目申报与结项材料、教研成果（著作、论文、研究报告等）、相关研究文献资料等
各种评价信息	教师自我评价信息、学生网上评价信息、同行评价信息、专家评价信息等
个人反思	基于网络日志对课堂教学与教科研活动的认识与反思
总的反思与评价	对制作电子档案袋与教师专业发展整个过程的反思与评价

（资料来源：李玉升，2015）

第九章　教育信息化视域下智慧教育的创新实践与应用

随着“互联网+”模式不断深入发展，丰厚充沛的学习资源、方便快捷的使用方式以及良好的交流互动性是21世纪以来网络所具备的显著优势，这样的优势被广泛应用于社会的各个领域，包括教育领域。传统的教育形态受到人工智能、大数据等技术的发展不断冲击，智慧教育受到教育改革者更多关注，构建完整的智慧教育新体系势在必行。

第一节　智慧教育与开放教育深度融合探索

一、开放教育的发展现状

开放教育是相对于封闭教育来说的，可以理解为借助网络在一定程度上突破时间、空间的限制，以联通主义理论和网络化学习的开放式教育为基础而进行的人人共享、终身学习的大规模线上教学模式。开放性、共享性是开放教学最突出的两个特点。开放性、共享性主要体现在：一是教育对象的开放，不限年龄、地域面向所有人群开放，只要抱着极大的学习兴趣便可参与；二是教育观念的开放，开放教育的教育观念是将学习的重心转移到课前课后，与传统的教育观念相比，教师可以在课堂之外借助网络突破教学点时空限制，都可以进行教学；三是教学场地的开放，开放教育可以没有固定的教学场，教师以文件、小程序或视频教学等形式将学习内容传递给学生，极大地延伸了学习的时间，使教学真正做到了足不出户便能获取相应知识；四是教育资源的共享，校际、区域之间由于经济发展水平、师资力量的强弱等多方面的因素导致教育资源有所不同。开放教育模式可以很好地突破的时间和空间的限制，所有人可以共享开放教育发布在相应平台上的教育资源，很好地弥补了地区之间教育水平差异的不足。

开放教育是我国高等教育的重要组成部分，多年来，全国电大开放教育采用网络教学和面授教学相结合的教学模式，充分发挥现代远程开放教育的优势，与普通高校一起承担培养各级各类专门人才，致力于提高劳动者素质，多快好省地为我国培养改革开放和现代化建设急需的大批专门人才。

二、促进智慧教育与开放教育融合发展

使用智慧教学工具平台“雨课堂”和“国家开放大学学习平台”（以下简称“moodle平台”）的深度融合进行教育教学。“雨课堂”与“moodle平台”的融合，一是可以解决智慧教育手段与教学资源的有机整合，可以将两种教学环境有效融合，使教学环境的范围极度扩大，更多零碎的时间可以被学生利用起来学习，通过融合可以在不同时间段合理有效地做好教学安排，使教学效果明显提高；二是可以使教学活动更加灵活、高效。教学资源的融合需要按照一定的标准优化、整理，然后布置在“moodle平台”上，也可通过“雨课堂”发布。三是可以使融合后的教学资源标准有利于教学资源的建设、更新和使用，同时适用于开放教育的学生。以课程教学资源为基础，以“雨课堂”和“moodle平台”为工具和平台，以教学供给侧结构性改革为途径，整合开放教育的教学资源实现智慧教学，全面提升教学效果，让师生互动更多、教学更为便捷，最大限度地释放教与学的能量，推动教学改革，实现全面智慧教学。

第二节　国家开放大学智慧教育体系构建的思考和探索

通过研究可知，建立开放大学教育体系相较其他教育形式更有可能贯彻落实终身教育理念，而建立开放大学教育体系的关键就是要建立智慧教育体系。

一、开放大学

开放大学是随着改革开放的诞生而诞生的，跟着改革开放的发展一路走到了现在。在信息时代的今天，开放大学是一个充分利用现代信息技术、通信技术及多媒体技术，以开放、灵活的学习方式，以学生为中心，以满足城乡各类、各层次的教育需求为目的，提供高等学历教育和非学历继续教育及终身教育服务的机构。

开放大学实施的是开放教育，开放教育的外延为所有网络教育。

二、构建我国开放大学教育体系的设想

（一）建立开放大学内学历教育与非学历教育的互通机制

开放大学目前存在两种办学形式，一种是学历教育，另一种是非学历教育，随着学历教育招生越来越困难，非学历教育越来越受重视，非学历教育越来越成为学历教育的重要补充，有必要建立开放大学学历教育、非学历教育的互通机制。如何建立开放大学学历教育、非学历教育的互通机制呢？开放大学学历教育、非学历教育在课程、内容、形式等方面存在着哪些相同和不同之处？这两种教育都可以通过网络进行教学，如果建立一个智慧教育体系，把学历教育和非学

历教育课程引入智慧教育体系来，通过平台建设两种教育形式都可使用的课程资源，真正达到公平、公开、公正地提供学历教育与非学历教育资源互通机制，真正实现学分互换。

智慧教育体系的建立是学历教育与非学历教育资源互通的关键。在智慧教育体系中，学习者可以在学校要求的年限内不间断或间断的学习规定的课程，学分进行累计计算，只要学分到达学历或非学历规定的学分要求，就可以获得毕业证书或岗位职业资格证书。当然，非学历教育的学生完成学历教育规定的必修课程和一定课程也可转换成学历教育的学生。

（二）建立地方开放大学远程开放教育之间的互通机制

纵观开放大学的发展，从广播电视大学到远程教育再到开放大学，已经逐步形成了一个比较统一的教育模式，它是通过信息技术、教育技术、多媒体、网络等多种高科技手段，为学习者提供灵活、方便、个性化学习支持服务的大学。地方开放大学是为了适应开放教育的发展应运而生的，各省开放大学处于相对平行、平级地位，都属于开放教育，它们在学习方式、专业设置、教育目标、办学模式、证书认证等许多方面大致相同，区别在地方不同，地理位置不同，有自己的办学特色和区别，既然同属于开放大学，地方开放大学之间更需要相互沟通，资源共享、学分互换、课程共认。如何做到地方开放大学的衔接沟通呢？关键在于建立一个公认的智慧教育体系，开通各校的网络学习资源，承认网上其他学校的课程学习成果，学分可以互认，可以累计，达到专业课程规定学分，准予毕业，颁发证书，获得学位。地方开放大学之间的互通将会为我国现代远程开放教育得到更快、更高质量发展提供坚实的基础。

（三）建立高校成人教育与开放大学教育的互通机制

如何建立高校成人教育与开放大学教育的互通、衔接机制？分析高校成人教育与开放大学教育的相同点，开放大学和高校成人教育在培养目标、规格层次等许多方面都有相同点。差别在于它们在形式上是分立的，证书是不同的。

如何能将这两种教育衔接、沟通起来呢？高校成人教育可以利用现有的教育资源、师资，发挥其在实践教学、与企业紧密联系方面的特长，开放大学教育可以利用已有的卫星、电视和计算机网络学习环境，多种媒体教学资源和学习支持服务体系，发挥其远程开放学习的优势，二者取长补短，互相补充，获得资源共享。

如何做到这两类教育的沟通呢？关键在于建立智慧教育体系，采用岗位培训，互认学历、学分及证书，真正把职前教育与职后教育统一起来，缓解求职与求学、工与学、家与学等方面的矛盾，使终身学习成为可能。

（四）建立普通高校与开放大学的互通机制

如何建立普通高校与开放大学的互通机制？首先可以分析它们的不同之处，普通高校是以培养学术性、教育性和高级专业人才为主的综合性大学，而开放大学是以提供继续教育和终身学习服务为主的新型大学。其次研究相同点，都属于高等教育。

如何实现这两种教育的沟通、衔接呢？关键在于建立智慧教育体系，可以进行课程互学，学分累计。普通高校的在籍学生因时间、地点、专业、教育层次等因素制约不能学习的课程，可以通过开放大学的智慧教育体系进行学习，或为了提高就业机会，也可以选修开放大学的高等职业教育课程。从人才培养目标看，这两种类型教育的沟通可以使现有高校更充分地发挥其学科及资源优势，满足复合型人才培养的需求，实现优势互补、资源共享。这种沟通的关键仍然是构建智慧教育体系，在这个体系上两者的沟通是双向的，学习经历可以互认，学分可以转换。

（五）建立中等职业学校与开放大学的衔接机制

随着我国经济的发展，人才的需求日益增大，中职毕业生入职困难越来越大，继续深造已成为中职毕业生的不二选择。想要深造，开放教育成为既要工作又要学习的中职毕业生的首要选择。因此，中等职业学校与开放大学的衔接具有合理性。如何实现这两种教育的衔接呢？关键在于建立智慧教育体系，实现课程衔接，通过课程平台中等职业毕业生可以衔接开放大学的高等职业教育课程，成绩合格者达标者，可免试进入开放大学继续学习，学习完相应课程后可以取得相应专业毕业证。

第三节 智慧教育与开放教育深度融合下数学教育改革路径探索

作为“互联网+”发展的最新成果，智慧教育理念着重强调的是教师在日常教学活动设计中，应基于媒体类、案例类、视频类等丰富多样教学资源，以及物理与网络虚拟教学环境的充分利用，在信息技术的有力支持下，构建更生动、高效的教学课堂。智慧教育与开放教育有机融合下，高校数学教师在开展各项教学活动时，应以更新的角度来实现对新颖教学资源的有效引用，为学生的数学学习带来新的启发与指导。

一、高校数学教育发展现状

大学数学是高等院校，特别是一些工科类院校极为重要的基础课程，但是就目前来看，很多学校都是引用传统板书或是PPT等方式来进行讲解。但由于这一学科较为特殊，在日常教学中，无法像其他课程一样，围绕知识点提出具体的应用案例，大多都是公式推导、计算等知识内容，极易让学生感觉数学课程太过枯燥，也没有实用价值，进而逐渐忽视这一课程的学习。另外，现代教育着重强调教师要尊重学生的主体地位，为学生创造更多独立思考、合作探究的机会。但在实际授课中，很多教师对学生知识基础与学习能力都未作出深入了解，再加上大多都是以大班形式上课，不好把控教学进度，也无法对学生学习自觉性作出有效监督。

二、智慧教育与开放教育融合下教学内容改革

首先，从院部层面来讲。要结合教研室来对教师进行合理分组，尤其是对于

大学数学、概率论和数理统计等基础课，进行特色教案的编写，为之后特色教学活动的有效开展提供一定便利。为此，应先组织骨干教师开展先进教学技术培训，确保教师能够及时学习到最新的专业知识与教学技能，促进教师队伍整体素质的不断提升。同时，还要为教师提供一定的自主空间，鼓励其加强课堂教育教学改革，实现对“学堂在线”等在线教学视频的充分利用，要求每个学生每一年都要选修或是必修2～3门课程，并利用后台技术来监督管理学生的学习情况。此外，还要鼓励学生积极参与学科竞赛活动，能够主动从专业课当中寻找问题，并利用现有知识经验来将这些问题解决。

其次，从教师层面来讲。教师要及时转变角色，从传统教学模式下，知识的传授者向引导者这一角色转变，坚持以新思路、新方法去引导学生，完善知识体系的构建。同时加强先进教学技术的学习，通过互联网、微信等平台的充分利用来开展数字化、移动化教学活动。同时，鼓励教师积极参与特色教案的编写，围绕不同专业来选取和课堂相应的教学应用案例，然后与学生围绕适当的案例来进行讨论，完善讨论课的监理，加强案例题库的收集整理。此外，每个章节都要列出思维导图，以图表的形式来做好各个知识点的连接，突破教学重难点。善用平台来加强数学历史的学习，通过将建模思想、各学科前沿知识、最新进展融入到各项教学活动当中，能够从整体上提升学生的学习兴趣、应用能力。最后，在课堂教学中，要引导大家抬起头、动起手。对于现在的大学生来讲，大多都觉得数学知识较为枯燥，所以，在课堂上都习惯性地低头玩手机。对此，在实际授课中，教师可以通过有意思的小故事、数学游戏，还有数学知识背景的恰当融入来快速集中学生注意力。例如，逆序数可由洛伊德14—15游戏引出，数列的极限可由阿基米德龟兔赛跑悖论引出，这样在丰富数学教学内容与形式的同时，学生的学习、参与积极性也能够得到全面调动。

三、智慧教育与开放教育融合下教学方式改革

现在很多高校都建立了智能化、现代化教室，教室当中，除了多媒体、录像设备等基础设施，电脑中还安装了录屏软件、雨课堂等各类教学软件，数学课堂不再是单纯的上课时间，而是强调要注重线上线下共同教学，实现对学生课后时间、碎片化时间的充分利用。

首先，教师可以建立QQ群或是微信群，在课前，将下节课的思维导图发到班级圈当中。利用录屏软件将下节课要讲解的知识点录制成小视频，让学生预习。小视频并非微课，只要能够将某个小知识点讲清楚即可，其余不用做出过多要求。同时，还要认识到，大学数学一般都是大班上课，教师可以通过对这两个软件的充分利用来增加与学生之间的沟通交流，高效解决学习、课后作业中遇到的问题，教师也可以每天固定的时间在线回答问题，剩下的其他时间，在群中设置禁言模式。还可以在微信上进行公众号的建立，通过对数学文化知识、经典例题，以及课堂学习中发生的小故事的分享来促进学生课堂参与度、关注度的进一步提升。

其次，雨课堂的出现和应用，能够有效弥补QQ、微信平台宽松、无监督的缺点，可以从课前、课中、课后来对学生的学习情况实施全程监督跟踪，增加师生之间的互动交流，促进学生学习效率的显著提升。在正式授课前，学生只需要扫一下教师创建的二维码便能够快速地进入网上课堂。同时，还可以通过雨课堂来向学生提前推送下节课的学习任务、相关微课等内容，又或是将讲义、语音和小视频等合理插入到PPT当中。在此背景下，学生只需要通过手机终端，便能够实现对教师发布的预习知识、相关任务的观看。且在观看PPT时，若遇到不懂的知识，也可以通过点击“不懂”这一按钮来收藏，或者是通过发送弹幕来向教师提出问题。在课堂上，教师能够实现精讲精练、提出问题，合理创设教学情境，突破教学重难点，及时地为学生提供碎片化引导，为学生知识体系的构建与完善提供有力支持。最后，通过雨课堂，教师可以及时地将课堂随机检测题推送给学生，帮助大家及时巩固所学知识。

此外，动态可视化教学的推进也要给予足够重视，以此来引导学生从抽象数学概念向具体图形变换这一层面过渡。微信平台、雨课堂的应用，既有助于学生学习兴趣的激发，也有助于学习效率的提升，但若可以将大学数学中枯燥的公式，以可视化的方法描述给学生，既可以让学生作出透彻理解，也能够增加师生之间的互动交流。为此，在实际授课中，教师可以引入matlab 及高数画板等课堂教学软件，不论是函数的极限、间断点，还是曲线曲面积分等，都可以引用高数画板软件来进行绘图。在应用中只需要在高数画板功能的列表中，选择相应的选项卡，将相应的函数输入其中，便可以快速地得到对应的三维图形。总之，在动态可视化教学的有力支持下，数学概念对于学生来讲不再晦涩难懂，同时，学生的空间想象力也可以得到进一步发展。

综上所述，在信息时代的快速发展背景下，高等教育在发展中也迎来了新一轮挑战和机遇。而怎样在智慧教育与开放教育有机融合背景下推动数学教育事业的改革发展，也是广大高校数学教育工作者应充分重视与深入探究的课题。尤其是在先进技术手段的有力支持下，该怎样利用新颖教育资源、方式方法来丰富创新课程形式，进而使得学生的数学核心素养可以得到进一步发展，各方面学习潜能能够得到充分发挥也是探究重点。

第四节　开放教育体系下数学教育智慧课堂构建的思考和探索

智慧课堂构建中教师需要从学生角度出发，针对问题进行分析，以全面提升学生数学学习能力为主，做好数学教学内容调整工作，以强化学生综合素养为目标，利用智慧课堂激发学生参与学习积极性。数学知识具有逻辑性强、抽象性强等特点，所以在数学教学中可以借助智慧课堂用来帮助学生掌握数学知识，展现开放教育体系作用，提升数学教学成效。

一、开放教育体系下数学教育智慧课堂构建意义

（一）培养学生独立思考能力

数学教育智慧课堂构建中需要教师发挥教育智慧，学习开放教育体系内容，转变传统教育模式，将学生从被动学习状态中解放出来，合理利用教育资源与方法，帮助学生找准学习思路，逐渐提升独立思考能力。在数学教育智慧课堂构建中还需要清楚认识到培养学生独立思维能力的重要性，鼓励学生运用适合的方法探索数学知识，凸显学生主体性。通过合理化的教学设计，能够激发学生主动开口欲望，在不断尝试与创新中针对问题进行思考，确保探究时间与空间的充足

性，保持学习主动性。

（二）加强生活与专业的联系

学习数学知识是需要运用到生活中的，借助所掌握的数学知识解决生活中的问题。所以，在数学教育智慧课堂构建中就需要从向生活回归层面出发，在启发学生智力的基础上帮助学生端正学习态度，树立起正确的学习目标。所以在数学教学中需要主动将智慧课堂与专业结合在一起，在讲授数学知识的同时给学生提供运用的机会，让学生结合自身专业特点尝试构建数学模型，在分析与解决实际案例中提升学以致用能力，为自身未来发展奠定基础。

（三）发挥智慧课堂启发作用

想要学习好数学知识，就需要向学生提出适合的问题，以问题来启发学生的思维。只有为学生设计出适合的问题，才能锻炼学生解决问题能力，才能促进学生思维发展。数学教学中需要从帮助学生灵活掌握知识点出发，锻炼学生举一反三能力，利用数学教育智慧课堂为学生准备充足的思考时间，鼓励学生积极参与学习活动，在主动提出问题、思考问题的基础上找出解决问题的方法。为了让学生更好地理解数学知识，还需要发挥教师指导作用，在点拨、追问与启发中让学生能够保持学习主动性，展现数学教育智慧课堂作用，满足智慧生长要求。

二、开放教育体系下数学教育智慧课堂构建措施

（一）更新教育观念，做好课堂构建工作

传统数学教育模式中学生主要以被动学习的方式学习数学知识，且数学内容逻辑性较强，难以激发学生学习主动性。而在开放教育体系推行背景下教师需要及时更新教育观念，做好智慧课堂构建工作，在挖掘学生智慧的基础上给学生提供问题分析、解决的空间，实现教师与学生之间的有效互动。所以在教学中教师需要解放教育思想，落实以学生发展为本教育理念，确保学习观、教育观的准确

性。同时自身也要不断学习先进教育知识与方法，掌握互联网等操作技术，运用适合的教学软件辅助数学教学。

一是落实以学生为中心理念。在数学教育智慧课堂构建中需要制定出合理化的知识清单，确保不同知识点具有明显的价值，在展现问题导向作用的基础上设计出与学生知识能力、水平等相符的预习任务单。但是在设计中应当结合数学教学重点与难点，利用问题启发学生思维，选择与学生生活息息相关的内容，提升数学教学趣味性与层次性，在坚持面向全体学生的基础上设计出适合的问题，实现数学教育目标。为了保持学生学习动力，还可以为学生提供具有挑战性的问题，确保学生能够主动参与数学学习活动。

二是在数学教育智慧课堂构建中使用先进教育软件，为学生推送微课课程资源等，便于学生反复观看，深入了解数学知识点。对于教师自身来讲也要不断创新教学方法，将重点知识制作成微课视频，或是可以在互联网中筛选适合的资源，并上传到智慧课堂中，便于学生学习与探究。

（二）确定智慧课堂教学流程

一是做好课前设计工作。在课前阶段中需要针对学生数学知识结构、能力、水平等进行分析，利用智慧课堂软件提供师生之间、生生之间互动平台，同时还需要在平台中预留相关信息，为学情分析等工作开展提供支持。使用智慧课堂软件能够确保教育目标设计的合理性，同时也可以形成完整的教学方案。

二是做好课堂教学工作。在课堂教学中需要发挥问题导向作用，主动与学生进行探讨，实现生生之间的有效互动。开展智慧课堂教学活动时还需要展现信息软件平台作用，使用多样化的探讨形式，加强学生之间的互动。

第一，创设数学教学情境。在数学课堂中可以利用智慧课堂任务单、测试统计表等针对学生数学能力、态度等进行分析，为因材施教等工作开展提供支持，创设最适宜问题情境，加强学生之间的互动。

第二，培养学生应用与探究能力。学生学习数学知识的目的就要提升探究与应用能力，通过加强学生之间的协作，在做好探究过程分析汇报的基础上展示最终成果。

第三，确定适合的评价反馈方式。传统评价方式难以全面掌握学生实际情况，而利用智慧课堂平台则可以实现对学生的有效测验，针对学生学习效果实现对学生的跟踪评价。

三是做好课后教学工作。在课后阶段中需要及时帮助学生解决问题，提供个性化的辅导。进行数学教育智慧课堂构建能够实现对传统数学教学的补充，提升教学针对性与有效性。所以在教学活动中教师需要结合学生实际情况，为学生布置适合的课后任务，完善学习计划，提供专属的预习与复习资料。学生在进入到智慧课堂平台以后，能够及时完成作业，而系统则可以通过自动批改的方式将数学知识解析过程展现出来，便于学生更好地理解知识。教师则可以针对学生的具体学习情况进行分析，将学生出现的问题进行汇总，以微课的方式让学生观看与学习。

（三）运用大数据平台开设智慧课堂

智慧课堂作为一种高效的教学方法，就需要做好更新与完善工作，从课前、课中、课后三个阶段进行教学。

一是在课前设计中需要利用翻转课堂教学软件，结合学生特点选择适合的内容与方案。只有掌握学生的学情特点，才能制定出合理的教学目标，才能让学生进入到团队合作学习中，运用所掌握的数学知识解决存在的问题。在课前教师需要为学生提供适合的微课视频、学习任务单等，在选择教学案例时应当结合学生专业情况，观察学生在平台中的状态，并通过平台与学生互动。

二是在课程设计中需要再利用智慧课堂激发学生学习主动性。教师需要在提出问题、见解等的基础上来吸引学生，鼓励学生之间进行探讨，汇报心得体会。

三是在课后设计中需要及时划分小组合作学习任务，借助网络等完成习题，并通过组内评价等方式进行准确评价。而教师也可以借助平台、微信等方式及时帮助学生解决问题。

四是在评价设计中需要从智慧课堂功能入手，做好学生学习情况记录工作，实现对学生的精准化分析，确保教学的趣味性，以公平透明的方式对学生进行动态化评价，以适合的评价方式激发学生学习兴趣，提升数学学习能力。

（四）构建有效的数学智慧课堂模式

一是保障硬件的充足性。在数学教育智慧课堂构建中需要从确定构成条件出发，确保数学教学的高效开展。由于智慧课堂主要是使用现代信息技术进行的，所以在教学中就需要做好智慧数学课堂构建工作，保障教学平台信息化，在及时更新教学设备的基础上发挥平台优势，为智慧课堂教学开展提供支持。在教学中还需要使用联网技术，为教师、学生提供多样化数学资源，满足资源共享与优化要求。如为数学教师提供教学课件、PPT等，或是给教师与学生提供资源共享平台，鼓励教师与学生在平台中发表教学、学习经验，提出学习中遇到的问题。想要做好数学教育智慧课堂构建工作，还需要学校及时提供终端设备，加强教师与学生之间的互动，确保互动的密集化与有效性。如可以在班级中配备多媒体投影设备，要求教师在讲述数学知识时进行现场联网操作，实现对数学教学内容的补充。或是可以开放学校机房，将学生带入到机房中进行教学，并鼓励学生自主收集相关资料，利用数据模拟软件完善相关数学模型。

二是使用“二六三”教学流程。在开放教育体系下做好数学教育智慧课堂构建工作已经成为当前教育改革中的重点，可以说自智慧课堂提出以来，受到了广泛的关注与认可。随着对智慧课堂研究深度的不断增加，智慧课堂教学模式、流程逐渐完善，其中“二六三”流程属于最为有效的流程之一。“二”主要是针对课前准备中的两个环节来说的，在数学教学中需要针对教学内容、资料进行准备，结合学生特点制定个性化导学案，“六”主要是针对教学过程中所涉及的六个环节来说的，在导入阶段中需要使用适合的导入语，以趣味性的方式来吸引学生，激发学生学习主动性，利用视频、游戏等方式帮助学生掌握数学知识，营造出适合的教学情境，运用多样化教育手段鼓励学生展示学习成果。鼓励学生自主描述能够促进学生语言表达能力发展，提升逻辑思维能力，掌握学生实际预习情况，为后续教学优化与完善提供支持。在课堂中教师还需要展现指导作用，启发学生思维，避免将教学内容全部讲述给学生，而是要为学生提供适合思考的空间，利用问题来激发学生好奇心。最后教师可以使用随堂测试等方式来帮助学生巩固数学知识，锻炼归纳与总结能力，提升学习的灵活性。“三”主要是针对课后巩固来说的，在数学教学中应当清楚认识到复习巩固的意义所在，利用智慧课堂中的相关功能针对学生实际学习效果进行分析，帮助学生加深对数学知识的印象，达到强化与巩固效果。

三是开设数学教学情境，帮助学生理解数学知识，发挥智慧课堂教育作用。在数学教学中创设适合的情境能够确保智慧课堂使用的高效性，同时也可以激发学生学习积极性，让学生在主动观察、思考与探究中掌握知识点。在数学教学中情境创设有着极为重要的地位，通过掌握学生具体学习情况，以此来设计出适合的问题，调动学生学习积极性，让学生在主动参与学习中掌握数学知识，保持学习动力。如在讲述函数的连续性知识点时，如果直接向学生讲述知识很容易影响到学生的理解，可以借助生活实例来引导学生，将天气随着时间变化而变化等知识引入到教学中，同时还需要利用智慧课堂将其中所隐藏的函数关系展现出来，让学生更好地理解函数连续性。使用情境教学法能够提升教学的直观性，学生通过观察与探究可以更好地理解数学知识。

综上所述，在开放教育体系下数学教育智慧课堂构建就需要从启发学生智慧出发，展现学生主体性，利用智慧课堂来帮助学生掌握知识点，促进思维发展，感受到学习数学知识的乐趣，在积极参与数学学习活动中提高学习效果。

参考文献

[1]曹子建，李志平.我国高校教师的权利义务[M].成都：四川大学出版社，2012.

[2]陈霞.教师专业发展的实效性研究[M].北京：北京大学出版社，2012.

[3]陈瑶，王艳玲，李玲.教学反思途径与方法[M].北京：龙门书局，2012.

[4]陈永明等.教师教育学[M].北京：北京大学出版社，2012.

[5]代蕊华.教师专业发展与校本培训[M].北京：教育科学出版社，2011.

[6]董彦.现代课堂与教师教育技术能力发展研究[M].合肥：中国科学技术大学出版社，2017.

[7]樊文芳.教育信息化环境下的教师专业发展与培训[M].北京：科学出版社，2015.

[8]傅道春.教师的成长与发展[M].北京：教育科学出版社，2001.

[9]傅金兰，安洪涛.信息时代的教师专业成长与生命完善[M].济南：山东大学出版社，2009.

[10]郭平，熊艳.教师专业发展概论[M].成都：西南交通大学出版社，2017.

[11]韩立福.教师教育观念深度转型：由认识走向行动[M].长春：吉林大学出版社，2012.

[12]韩美荣，常华锋.教师教学基本技能训练指导[M].北京：首都师范大学出版社，2017.

[13]何兰芝，韩宏莉.教师专业发展与成长规划[M].北京：北京师范大学出版社，2017.

[14]何齐宗.教师教育与教师发展研究[M].北京：中国社会科学出版社，2014.

[15]贺永旺等.提升教师教学实施能力[M].北京：教育科学出版社，2011.

[16]胡惠闵，王建军.教师专业发展[M].上海：华东师范大学出版社，2014.

[17]黄蓉生.教师职业道德新论[M].北京：人民教育出版社，2014.

[18]及小东，吴天飞.智慧教育与教育智慧：优学派支持下的精准教与学[M].

成都：四川大学出版社，2021.

[19]教育部师范教育司.教师专业发展理论与实践[M].北京：人民教育出版社，2003.

[20]金陵.翻转课堂与微课程教学法[M].北京：北京师范大学出版社，2015.

[21]李广建，化柏林.大数据时代：新思维与新管理[M].北京：中国人事出版社，2016.

[22]李龙.教学设计[M].北京：高等教育出版社，2010.

[23]李梦卿."双师型"职教师资培养制度研究[M].武汉：华中科技大学出版社，2012.

[24]李明善.教师专业发展论纲[M].长春：吉林大学出版社，2011.

[25]李同胜，王统永.课堂教学技能训练教程[M].济南：山东人民出版社，2012.

[26]李向前，王国洪.高校青年教师思想政治工作读本[M].北京：研究出版社，2013.

[27]李晓波，陆道坤.思想演变与体制转型：中国教师教育回眸与展望[M].镇江：江苏大学出版社，2012.

[28]李学农，张清雅.教师教育世纪转型与发展[M].南京：南京师范大学出版社，2014.

[29]梁成艾.职业学校"双师型"教师专业化发展论[M].成都：西南交通大学出版社，2014.

[30]林立杰.高校教师胜任力研究与应用[M].北京：中国物资出版社，2010.

[31]刘鹂.教师教育者教学能力研究[M].西安：陕西师范大学出版总社，2016.

[32]刘明.高职院校教师能力建设与管理[M].合肥：中国科学技术大学出版社，2012.

[33]刘亭亭.教师职业道德[M].北京：北京大学出版社，2017.

[34]刘维俭，王传金.教师职前教育实践概论[M].南京：南京师范大学出版社，2006.

[35]刘希未，宫晓燕，荆思凤，王晓作.智慧教育[M].北京：科学技术文献出版社，2021.

[36]刘义兵.教师专业发展[M].北京：高等教育出版社，2017.

[37]缪蓉.教师教育技术能力——标准、培养及评估[M].北京：北京大学出版，2012.

[38]邵清艳.教师反思力修炼[M].长春：东北师范大学出版社，2010.

[39]石学云，高丽.教师职业发展与心理健康[M].西安：陕西人民教育出版社，2009.

[40]王春光.反思型教师教育研究[M].长春：东北师范大学出版社，2010.

[41]于胜刚.教师专业发展导论[M].北京：北京大学出版社，2015.

[42]张楚廷.高校教师教育教学技能[M].长沙：湖南人民出版社，2010.

[43]张福涛等.翻转课堂理论研究与实践探索[M].济南：山东友谊出版社，2014.

[44]朱旭东.教师专业发展理论研究[M].北京：北京师范大学出版社，2011.

[45]陈秋明.打造智慧教育示范区助力教育高质量发展[J].人民教育，2022（21）：21-23.

[46]陈毓颖.智慧教育环境下高职师范生课堂教学研究[J].中国教育技术装备，2022（19）：42-44+55.

[47]陈悦嫣.基于智慧教育云平台的建设与应用研究——以商务英语课程为例[J].对外经贸，2023（01）：110-113.

[48]杜玉波.以智慧教育赋能多样化综合学习体系[J].中国高等教育，2023（02）：1.

[49]傅绪荣，魏新东，汪凤炎.智慧教育的反思与建议：发展的视角[J].阅江学刊，2023（03）：133-147+175.

[50]耿立明，杨楠.智慧教育视域下的智能建造专业人才培养[J].中国新通信，2023，25（06）：149-152.

[51]关孟，赵维佳.信息时代智慧教育在眼视光教育中的研究应用[J].科学咨询（教育科研），2023（03）：102-104.

[52]郭建国，王水东，葛飞骏，刘晓雷，蹇凡.智慧教育云平台建设及资源共享应用研究[J].四川教育，2023（Z1）：38-40.

[53]胡家培，袁圣云.体育教学中健康教育智慧课堂的构建[J].安徽教育科研，2022（34）：107-109.

[54]李仁港，李志豪，王凯，吴春红，蒋小菲.全栈式智慧教育系统设计与实现[J].软件导刊，2023，22（01）：52-60.

[55]李童.智慧教育平台标准体系研究[J].厦门科技，2023（02）：39-44.

[56]李显峰，杜朝，李轩.构建基于5G技术的智慧教育模式[J].信息与电脑（理论版），2023，35（01）：238-241.

[57]李艳旸.生态翻译学视角下复合应用型外语翻译能力培养研究[J].校园英语，2022（35）：33–35.

[58]李志峰，张柯.化智为慧：智慧教育时代高校智慧教学之“愚”及其治理[J].江苏高教，2022（12）：115–121+150.

[59]栗佳文，王维.基于智慧教育的课堂学习环境设计研究[J].科技风，2023（03）：62–64.

[60]刘静.智慧教育视域下高职英语混合式教学的内涵探索[J].海外英语，2022（18）：198–199.

[61]罗长龙.智慧教育平台助力“双师”课堂[J].青海教育，2023（Z1）：93.

[62]马世雄.智慧教育背景下小学数学教学策略[J].甘肃教育，2022（20）：59–61.

[63]聂良红，张佳纯.智慧“双减”，助推教育生态良性发展[J].教育家，2023（05）：34–35.

[64]潘晨聪，徐倩.数据驱动实现智慧教育的闵行示范[J].上海教育，2022（Z3）：46.

[65]权丽彦，刘第毅.智慧教育云平台赋能科教兴疆提质增效[J].中小学信息技术教育，2023（01）：28–30.

[66]石明忱.智慧教育背景下高职院校思政课OPE教学模式探析[J].哈尔滨职业技术学院学报，2023（01）：28–30.

[67]王烽.智慧教育需要“教育的智慧”[J].中小学管理，2023（01）：35.

[68]王强.全媒体时代大学英语智慧教学模式创建策略探析[J].新闻研究导刊，2022，13（19）：188–190.

[69]王瑜.基于核心素养的智慧教育建构研究[J].黑河学院学报，2022，13（09）：83–86.

[70]吴砥.探寻智慧教育实践新范式[J].湖北教育（政务宣传），2023（02）：19–20.

[71]武法提，田浩，高姝睿.教育数字化转型下的智慧教育形态：关键特征与生成途径[J].中国基础教育，2023（01）：33–37.

[72]夏敏，刘芃.“智慧教育”背景下高职会计专业的混合式教学研究——以税费计算与申报为例[J].滁州职业技术学院学报，2023，22（01）：64–67.

[73]谢晓梅，范雪瑶.智慧教育背景下小学教师的信息素养提升[J].今日教育，2022（12）：32–35.

[74]杨红.智慧赋能课堂，推动区域教育高质量发展[J].教育家，2023（05）：20–21.

[75]杨洁，许馨，于洪洁，王益国.新冠疫情背景下智慧学境建设与探索[J].软件导刊，2023，22（01）：61–65.

[76]杨树兵.推动教育数字化高质量发展[J].唯实，2023（03）：32–34.

[77]杨枝茂.智慧教育视阈下高校教育智能评价模式及指标建设研究[J].许昌学院学报，2023，42（01）：151–156.

[78]姚则会，赵磊.智慧教育背景下的大学生学习能力培养策略[J].齐鲁师范学院学报，2023，38（01）：31–38.

[79]岳新新，丁雪莹，王振，温佳璇，林芳，魏秀红.智慧教育背景下基于多评价主体视角的内科护理学混合式教学质量评价体系的构建[J].护士进修杂志，2022，37（22）：2028–2035.

[80]张晶灿.探究生态翻译学视角下的网络流行语英译[J].西部学刊，2022（17）：169–172.

[81]张军.知识驱动的智慧教育赋能全人化培养[J].中国高等教育，2023（02）：43–46.

[82]张淑莲.智慧教育背景下多模态混合式教学模式探究[J].现代信息科技，2022，6（21）：173–176.

[83]张亚梅.智慧教育下微课在小学数学教学中的融合实践探索[J].试题与研究，2023（14）：117–119.

[84]周娜.基于智慧教育平台的作业管理变革[J].陕西教育（综合版），2023（Z1）：76–77.

[85]祝智庭，胡姣.智慧教育引领教育数字化转型的实践路径[J].中国基础教育，2023（01）：29–32.

[86]祝智庭.智慧教育引领教育数字化转型[J].上海教育，2022（36）：18–19.